拒當佛系女子！
面對人生爆擊，你要站穩迎擊

王珣——著

高寶書版集團

Part 2

EQ才是你性感的資本

Part 3
生在人間煙火裡，也請保持格調

Part 4

這一刻的情調，無關風月

Part 5

優雅才是最貴的化妝品

Part 6

愛情是不可或缺的一味藥

序
就算面對人生爆擊，我也要擺個好看的姿態

前天是星期一，又在忙忙碌碌中過去了。傍晚的時候，我匆忙換了T恤和短褲走出公寓，打算沿街找一輛共享自行車去買菜。陣雨後的市區高溫已消，正是下班的時間，身邊偶爾有低頭看著手機的匆忙身影擦肩而過，走向街口的地鐵站。

從小被父母嬌生慣養，曾經肩不能扛、手不能提，更別說做飯了，但我喜歡和媽媽一起逛菜市場。

小時候住在郊區，週邊是大片的田野和散落的農家院落，清晨的市場上擺滿了村民現摘的蔬果，頂花帶刺，鮮嫩可人，閃著露珠的微光，飄著泥土的清香。

媽媽說：「生活的一面是工作，那是活著的證明。另一面是菜市場，那是生活的

後花園。」媽媽居然把菜市場也當成了花市，對於沒有小院、菜地、農田和蛙鳴的都市人來說，菜市場不就是我們的農家後院嗎？那裡滿是蔬菜、水果、魚鮮和海產的味道，用賺來的錢選購也是一種收穫。

小時候聽父母說的話有時候像是天書，長大後發現那裡全是人生。即使時代不一樣了，他們坦然接受不能改變的結果，用充滿儀式感的淡定對抗種種人生的爆擊，都是一種永不過時的精神。

長大後的我成了資深吃貨，為人母的好處就是能練就一手好廚藝，孩子身體棒棒的，我也順便把買菜、做飯和洗衣服做成了自己身上的光。而那些曾經被光芒吸引的愛情，即使不說再見也無妨，只要在任何時候都能照顧好自己和家人，在不那麼美好的境遇裡也都能保持活著的儀式感，就是面對挫折痛苦時，無聲卻有力的抗爭。

菜市場離我家大約兩公里，傍晚的涼風裡騎著自行車去最適宜，我拿著手機一路尋找共享自行車。忽然一聲歡快的「姐姐」響起，迎面走過一位高䠷女孩喊住了我：「王珣姐姐，是你嗎？天啊，就是你！我是你的粉絲，我正看你的微信公眾號。」

他舉起手機給我看，頁面是下午剛發文的〈那些看起來生活得很輕鬆的人〉。

這次輪到我呆住了，生活好神奇，總是有奇遇！幾個月前，我在電梯裡遇到一位認出我的讀者，居然是同一棟樓裡的鄰居。今天我又在門口遇到漂亮女孩高喊著是我的粉絲，這簡直太幸運了。

我喜歡那些看起來很有生活氣息的地方，以及那些每每遇到了就能感覺到很快樂的人。女孩白皙苗條，五官姣好，笑起來還是可人的少女的模樣。他在下班的路上，但臉上有完美的淡妝，手裡捧著喜歡的文字。而在我看來，他分明就是文字中的女孩，這也給了我太多驚喜和感動。

我加了他的微信，然後匆忙別過，再晚怕是菜市場要關門了。正是吃楊梅和櫻桃的季節，那天一個人的晚餐是水果。總算找到一輛共享自行車的時候，我傳訊息給他：「以後相約下午茶，現在我要去買菜啦，下班愉快。」

女孩回覆：「上班忙碌，路上複習，回家帶孩子，美麗一直在追尋。」

滿載而歸的路上，遭遇一場太陽雨，在樹下躲雨的時候，我看到女孩發的社群動態：「只要心底充滿陽光，生活不時會締造希望，如每日下班路上必看王珣姐姐的文章，某天一抬頭竟然看見了他本人，我是追蹤了他三年的粉絲。」

我那天的社群動態裡除了發了楊梅、櫻桃、自行車和自拍，還有「還好，我一直身上有漂亮衣服，臉上有妝容，買個菜、倒個垃圾都會偶遇讀者，生活一刻都容不得我馬虎」。我的讀者都是那麼精緻和漂亮的時候，我更得繼續加油。

親愛的，那個傍晚你帶著微笑一路走來，春風十里都不如你。

我們在喧囂的物質裡生活著，總要找點精神的平靜，才能護佑我們穿行在工作、自由和繁華中保持美好光鮮，又能在另一面面對困難、選擇和爆擊中，先擺一個好看的姿態。如果能笑著面對，我絕不選擇哭泣。因為，**你真的不知道以後的人生會有著怎樣的安排，但有一張漂亮的臉和一個好看的姿態，就足以證明我們本身具備讓自己好起來的能力，需要的只是時間。**

那些慌亂、哭喊、逃避和背叛才是失敗者的樣子，有時候好事情還沒有到來之前，我就已經能看出你不能再擁有了，這是一種怎樣的遺憾？

無論面對成功和失敗，都能很快平靜下來的人是個傳奇。有人問我：「你是怎麼保證時時刻刻精緻的？」我回道：「每天出門都像是會遇到初戀和前任，每天進門都像是有個等待的驚喜和另一半。」

你不知道會遇到誰的時候，不知道明天會有什麼好事發生的時候，不知道困難什麼時候可以解決的時候，不知道別人會走會留的時候，我們唯有先控制好自己，別讓情緒降低你的生活層次。做到任何境遇裡都表裡如一，美好的姿態就是本色演出，自然勇者無敵。

小到不穿有汙跡的鞋子，大到不做有違道德底線的事，再到深呼吸告訴自己「我做得到」。沒有選擇就不要慌不擇路，先做好手邊的事，靜待時機，摔倒了索性睡飽了再爬起來重來。你睡眠不足，心情不好，放不下私利，臉色難看的情況下做的任何決定都將是個錯誤。

你要相信你有說「不」的權利，你要享受你喝茶的恬淡，你要感悟買菜這件事的樂趣，你要為自己的轉身離開喝彩，你要為自己獨自謝幕鼓掌，你要欣賞你提裙子的優雅。**當你變得更好一點的時候，就會有奇遇**。

而這種奇遇，遠非遇見一個男人那麼簡單，或許從此能夠邁入全新的人生境界，擁有文字裡的身影與幸福。

Part 1

請你勇敢地美回去，抵抗庸碌

你不知道會遇到誰的時候，
不知道明天會有什麼好事發生的時候，
不知道困難什麼時候可以解決的時候，
不知道別人會走會留的時候，
我們唯有先控制好自己，
別讓情緒降低你的生活層次。
做到任何境遇裡都表裡如一，
美好的姿態就是本色演出，
自然勇者無敵。

現代女性的三大重要需求：賺錢、變美、戀愛

我必須賺到足夠給自己安全感的財富，才能讓屬於我的幸福，變成無限額度的信用卡。

在超市賣零食的貨架聽到一對情侶吵架，大概是女孩往購物車裡放了很多吃的和喝的，結果男生每樣都拿起來看看價錢，有的又被他放了回去，女孩終於火大了。

女孩：「你有需要這樣嗎？我不就是吃點零食！」

男生：「你拿的這些吃的加起來都兩百五十元人民幣了！你這麼敗家，我再不省，將來怎麼買房子結婚？」

女孩：「你到底愛不愛我？自己拿八千元人民幣的薪水，我吃個兩百多元人民幣的零食你都心疼。」

男生：「五月二十日的時候，我都發了五百二十元人民幣的微信紅包給你了，還不夠愛你嗎？不是不讓你吃，而是你一發薪水就跑到超市這樣大手大腳地花錢，誰受得了啊？」

女孩：「我自己有薪水，再說一個月才來超市採購一次，而且都是刷我的卡，還每次都被你罵敗家，是我瞎了眼，才會以為你愛我！」

女孩終於扔下購物車，走了。男生還站在原地，也沒有追。看來有關用自己的錢買零食還要爭吵的事情，不只發生過一次。

一個在北京工作生活的男生，向女友父親抱怨他每次約會都要喝一杯十五元人民幣的奶茶，他認為是太奢侈的事情。最終的結果是父親帶走了自己的女兒，因為他和女兒至少都有能力隨便喝奶茶。

女人自己賺錢和有錢有多重要？不然別人給你五百二十元人民幣，你就以為自己遇見愛情了。為兩百五十元人民幣的零食和十五元人民幣的奶茶就被男友說成是敗家和奢侈，這實在太遜了。

如今時代，能找到自己的價值和定位，無疑就是能找到幸福的人。喜歡錢的同時自己要有能力賺更多的錢，除了自給自足日常生活，還能夠買適合自己年齡身分的品牌物品，以便提升生活品質和審美情趣。

賺錢的意義在於享受，只有你真正享受到才會更努力。暫時沒錢不可怕，可怕是貧窮的思維，只有這樣的「窮人」才喜歡抱怨生活的不公，議論別人的是非，嫉妒詛咒美好，一輩子都在苟且裡看世界小到一口井。

什麼勵志格言，熬夜工作，每天只睡幾小時，沒時間好好吃飯，多久沒休假了等等，如果這些東西也值得誇耀，那麼富士康流水線上的任何一個人都比你努力多了。

這些年我一直在提醒自己，千萬不要自己感動自己，自己又騙了自己，大部分人看似喊著努力的口號，而實際行動上卻沒有努力。

當你頭髮上都是油、臉上都是痘、身上都是肉的時候，就不能稱其為「素顏」。素顏，聽上去好美，但我們身邊的素顏分為三類：一是看似無妝其實是精心修飾過的裸妝高境界；二是肌膚白皙水嫩、先天底子好的素顏，沒有妝容也顯得乾淨氣色好；第三種就是大部分，以為不化妝也很美，其實別人看起來一點都不美。

男人說：「女孩只要肯花點時間打扮自己，就都挺漂亮的。可偏偏就有女生不化妝還以此為美，看不上那些會化妝的，還說人家有心機。這就有些不懂了，到底誰有心機？你不化妝，就很難比人家化了妝的好看，這是個事實啊。就像玩遊戲的時候，你不花錢，非想打過人家花了錢的。這不是瘋了嗎？」

身為女人，如果沒有每天洗頭護膚、化妝變美的欲望，那多半就是條鹹魚了。

我還發現一個現象，很多不花時間修飾自己的女孩，往往都有大把的時間浪費在看手機和空想上。他們談不上事業，工作也平平，既稱不上漂亮，更說不著優秀，一張素顏上寫著大大的「缺愛」兩個字。

而那些願意花時間修飾自己的女子，常常是工作收入普遍不錯，人家真是忙碌，但也不缺時間關心、注意自己的身材健康和生活品質，有談情說愛的情趣和底氣。

我有幾位女性朋友看年紀不屬於年輕，看面相和裝飾，卻帶著少女的心和溫柔的樣。每個人都是精心修飾過自己的，妝容亮麗，衣著講究，第一眼看起來就是漂亮，各具特點的好看，即使在百媚千紅中也能脫穎而出。

安安不用彩妝，但他的素面朝天，帶著信仰的堅定與美好。每每見面，他都喜歡穿寬大長長的衣衫，一笑一顰也透著乾淨精緻的香。好多年裡，安安把自己的心修成了一朵白蓮，臉上沒有美妝也有美顏，透出一種帶著力量的美好。

觀察一下我們身邊的臉，有的是「死面孔」，毫無表情又帶著冷酷的氣息，有的是「臭面孔」，帶著負能量大爆發的傲氣。死面孔的人不一定一生勞碌，但最後也難免不善其終，臭面孔的人則必定一生勞碌。

為心靈美顏是一種高層次的變美修練大法，為外在修飾是一種容易上手的裝扮方式，如果你肯堅持讓外在日日都漂亮，那麼就會有更多機會修到內心豐盈。真誠、善良、坦然、純真，這些美好的品質就會相由心生，慢慢長在你的臉上，養出了簡單的少女心，最終又修出了菩薩相，獲得更大的福報。

就算今生無法飛翔，我也要一輩子美成天使的模樣，永遠在追逐夢想的路上。

世間到底有沒有一個女人，這輩子都不想談戀愛，也不想結婚？沒有。

女人大部分的情感困惑可以歸結為這三句話：如何撩到男人、留住男人和擺脫男人。如果我們能克制自身的脆弱，像男人一樣思考，和男人一樣努力，就不會再為遇不到真愛，結不了婚，又難離婚而痛苦糾結了。

平常的女子需要一個男人給予依靠與安全，不尋常的女子也需要一個男人分享美好與生活。不一定都以幸福快樂做結局，但並不妨礙各路女子全力以赴。好多女人都在為自己是結婚還是一直單身下去，最終會不會孤獨終老而嚴重憂慮。

愛的時候不虧待每一份熱情，也絕不討好任何冷漠，一旦累積夠了失望就要離開，地球是圓的，路卻是直的，願我們在今後彼此再也看不到的歲月裡熠熠生輝，愛情和男人不是生活的全部，這是我的愛情觀。

不論眼下是有愛的還是沒愛的，都不耽誤你自己努力經營自己，情緒都需要克制，心情也可以調整，生活糟糕到最糟糕處，那你每一步的掙扎都是在走向好一點的方向。社會在進步，女人的生活方式有了多種選擇，我也不贊成女人為了結婚而結婚，去將就沒有愛情的兩個人一張床。但我們在人生的某些階段也應該去過一種有男人的生活，在自己的愛裡堅強，在男人的愛裡成長。

有沒有人娶是一回事，願不願意嫁又是另一回事，單身或許是你堅持孤芳，不願意在一個男人心中凋零，但我相信你絕不是被迫如此、一生都不懂愛的女子。

想遇到一些更好的人，接觸到一些美好的事，並且能在旗鼓相當時遇見真愛，在能夠彼此成就的時候進入婚姻，那從現在開始就應該做出改變，先成為這樣有EQ、有能力的人。看清自己的需求，一步步去努力，人生就隨時有翻盤的可能性。

女人之所以要保持時時刻刻的精緻與優雅，擁有自己生活的姿態與腔調，就是在為每一次遇見做伏筆。其實情感只是其中的一小部分，很多種可能也暗含其中，不只是錯過某個男人那麼簡單。

我一直喜歡下午的陽光，它讓我相信這個世界任何事情都會有轉機……

討厭我的人多了去了，你又算老幾

小敏剛進大學時曾經茫然過好一段時間，與室友相處不融洽就嚴重影響了他的心情和學業。睡上鋪的女生A愛打扮也極愛乾淨，小敏出身鄉下沒有每天洗澡的習慣，常被他嫌棄和諷刺。一天下了體育課回宿舍，A當著另外兩個女孩的面脫口而出：「你身體都有臭味了！」小敏從此有了個外號——「有味青年」。

小敏性格本就內向，感覺到宿舍裡的三個女孩都討厭、疏遠了他，即使以優異的成績考進這所第一志願大學，他卻更加不快樂起來。他問我該怎麼辦。

眼看距離期末考試還有一個月的時間，我問小敏：「你難道忘了自己要做什麼了？全力以赴準備考試啊！不想拿獎學金？每天早晨起床折被子、梳洗，把自己的書桌整理乾淨，晚飯後去洗澡，換了衣服後再去圖書館複習。你現在已經是大學生了，自己要先喜歡上新形象。」

本來就是地方高中的高材生，小敏考試總分在全年級六個班裡排第一。第二學期宿舍裡的兩個女孩開始跟他要課堂筆記了，不上課的時候小敏幾乎都泡在圖書館和操場，要麼看書、要麼跑步，年年拿獎學金。

女大十八變，大學是最能讓孩子發生蛻變的地方，有時候快得連自己都不覺得。大二的時候有男生追求小敏，居然還是學院裡很有名的「校草」，這引來很多女生的羨慕。但此時大家已經不那麼容易嫉妒了，因為小敏已經發生了翻天覆地的改變。腹有詩書氣自華，堅持跑步的身材、青春逼人的朝氣已經讓小敏成了「院花」。他還是學業上的佼佼者，上研究所也肯定沒問題。男友是當地人，他的家人給了小敏家庭的溫暖。

唯獨睡在上鋪的A還把小敏當成眼中釘，只是他已經從原先的看不起，變成了嫉妒恨。他只要一有機會就對小敏冷嘲熱諷，在同學室友面前說他壞話，但現在會有同學反過來安慰小敏：「你不要在意他，瞧他這兩年變得處處小心眼、愛計較，人都越來越難看了。」

A原本算是漂亮的女孩，有男孩追就三更半夜回宿舍，但每次都是被分手。學業一直混，主修科目總需要補考才能過，號稱成熟卻滿身負能量。平日裡看不上這個，看不起那個，整日忙著羨慕嫉妒恨卻耽誤了正事，還讓別人多了時間比他跑得更遠。然後無處發洩的妒火，又會把自己敏感且易碎的玻璃心燒成灰燼般的顏色。

肆無忌憚，命運才會多舛，你選擇多事就一定會事多，你想讓別人不痛快，自己一定更不痛快。有些人心中是沒有愛的，只在乎自己的感受，找不到存在感就做不好人，得不到滿足就去攻擊那些看起來好像比自己差的人。

小敏的遭遇在生活裡很常見，不是都不要去搭理，必須解決的問題要控制情緒、就事論事，不要把焦點放在對方這個人身上，氣暈了影響判斷和行事結果會更糟糕。

明明不熟，甚至彼此陌生，人家穿什麼都會閃瞎你的眼，說什麼都會像踩到你的尾巴，發什麼都會刺痛你的心，哪怕無意的眼神都是對你的侮辱。自己玻璃心還喜歡挑釁攻擊別人，其實就是因為自卑，最怕被人家看不起和鄙視，所以先要裝著討厭所有人。

如果自身條件不好，要麼就去改變自己，要麼就學會自我解嘲，自卑又無能的人偏要跑去指責、挑刺、罵人，偏要讓不相干的人也成為自己的眼中釘和肉中刺。**醜不可笑，可笑的是醜人多作怪，活得難看也就罷了，還想讓別人和自己一樣難看。**

被別人排擠，被暗箭射中，痛一下和氣一下是免不了的，我們又不是神。我們用不著跟誰都去講心胸，但為此傷心難過就大可不必了，要繼續發揮你的長處，努力和堅持下去，等你變得更好的時候，別人從羨慕變成了仰望，就再也碰不到你了。

行走在生活中，有些人光鮮亮麗的背後都會有一堆鳥事需要收拾，要為生存奔波打拚，有些人衣冠楚楚的表象之下都會有一點私心。

不論是為了眼前三餐還是遠方夢想，過程中我們也難免會聽到和看到所謂不同的聲音，多是些觀念不同的矯情，根本無須理會，再多的解釋都是些廢話，因為我們在彼此眼中都不過是個傻瓜。

所謂「剽悍的人生不需要解釋」的實際意義是，當我們明白了不要跟傻瓜講道理的道理後，我們在對方眼中的傻瓜模樣，其實就是現實生活裡的吹牛，這一點真傻瓜永遠不懂。觀念不同連敵人都無法做，就不要浪費時間了。

常常聽到女人們說「被傷害」，幾乎都是因為一些雞毛蒜皮的小事，今天被某某指責了，明天被某某鄙視了，後天某某又說了自己的壞話。或是因為某個男人的離開，痛苦就來得驚天動地，活不下去了，連往日的深情都一併抹殺，辜負了曾經就辜負了懷念。

不是所有的人不喜歡你，就是要「被記恨」的，也不是所有的討厭都沒有道理。多想想自己的不足，多看看別人的優點，即使不被搭理也帶著驕傲的光芒，就算真被欺負了，及時反擊也能打到要害。

不是所有的男人不愛你了，就是要「被審判」的，也不是所有的女人失去愛了，就是那個「被傷害」的。不要總把自己放在「被傷害」和「被犧牲」的自怨自艾裡，或許女人早就能夠和男人一樣，至少是故作輕鬆地上陣，享受情愛的美好。

這個時代本就已經催人老，身邊很多年輕人的臉上因為房子、車子、金錢滿是愁雲和滄桑，再也看不到夢想和純真。**能夠活得真實又隨性是件多麼可貴的事情，因為敢愛敢恨裡有情感的執著和美好，敢作敢當裡有生活的勇氣和希望。**

愛恨分明也是一種積極的生活狀態，總好過那些糾纏裡的懦弱和忍耐裡的悲哀，總是被傷害的人，是始終在逃避自己的人。

你不給別人機會，就誰也傷害不了你，你從不放棄自己，就誰也不捨得犧牲你。你有價值了，你的付出才會被重視，你值得被愛了，才會有人來鍾愛你一生。

只愛很少的幾個人，只在乎自己人的感受，你只需要跟自己的家人、上司和法律做解釋，這是一種責任和能力。要活出自己的價值，對某個人、某個家、對社會你得有點實用的價值，才不至於淪為廢物不被尊重，在真正的最底層裡越活越噁心自己。

我之所以從不擔心會沒有人愛我，或是沒有朋友相伴，是因為我有能力讓身邊人過得快樂幸福，自然會有同路人走近。從此，我們一路繁花，殊途同歸。

生活百態，各有各的活法，大多數的你、我、他之間，就是一場愛怎樣就怎樣和滾遠點。我根本無意成為萬人迷，討厭我的人也多了去了，你又算老幾？

想要獲得感情中的安全感其實很簡單，與旁人保持距離，與情人保持深情。

女性獨立和依附男權是兩回事

薇兒剛生完孩子，就在社交平臺裡找熟人幫忙找工作了，當初結婚的時候聽說老公事業有成，家裡環境也好，出身鄉下的薇兒讀了專校，原本在飯店當服務生，因為認識了現在的老公就隨他來到城市生活。

薇兒是一個漂亮的女孩，關鍵是還很能幹，結婚後有一段時間賦閒在家，把家事和老公的生活打理得井井有條，對看不上他出身的公婆也忍讓有加，日子看起來還算平靜。

即使懷孕還要買菜、煮飯、洗衣服，老公的收入足夠請個保姆，但他說：「反正你不工作，沒必要花那錢。」

李佳明在某跨國公司做銷售人員，收入頗豐也忙碌。薇兒對他工作上的事一點都不了解，偶爾問起，李佳明也總以薇兒什麼都不懂拒絕回答。他經常出差，在家的日子也幾乎都是晚歸，話都懶得講幾句就洗澡睡覺了。

薇兒找過工作，在一家大型超市當收銀人員。他說：「老公賺錢好辛苦，我不想做他的拖油瓶。」他確實是欣賞，甚至是崇拜老公的，每次提起他都帶著驕傲。

李佳明說得一口流利的英語，年紀不大已經是公司最年輕的高階主管。婚姻生活中他更多的是看中了他的優點和貢獻，甚至由此更加自卑起來，覺得自己不努力工作就配不上老公。

但公婆一直催他生孩子，薇兒流過一次產，李佳明只是讓他辭了工作，等生了孩子再說。在懷孕的時候也沒有人陪護，直到公婆知道是男孩後，才讓薇兒把他媽媽接過來照顧他。李佳明開始經常不回家了，說是晚上有應酬怕影響老婆休息。

整個孕期幾乎都是薇兒和媽媽兩個人度過，生孩子那天老公沒趕到醫院，藉口當然是忙工作，男人的事業大過家庭。住院期間李佳明也只來過一次，甚至沒有抱一下兒子，他說：「終於滿足了父母的心願，我還有很多個人夢想沒有實現。」

薇兒居然很認同老公的話，覺得自己和家庭拖累了他，否則他可以做得更好。薇兒支持他實現自己的追求，並且對他對家庭的無奈感同身受，越發覺得是自己沒用，打算孩子離乳就去找工作，也要做出一番事業。

直到有一天，他看到李佳明拉著一個更年輕的女孩從飯店出來，上了自己家的那輛BMW。女孩穿得光鮮亮麗，李佳明更是名牌加身，至少看起來很是登對。薇兒站在不遠處看了看自己，他匆忙出門幫兒子買尿布，穿著睡衣和拖鞋，拿著買菜用的購物袋。如果他和李佳明站在一起，更像個保姆。那一輛BMW買了一年，他甚至都沒有坐過一次。

當薇兒抱著兒子出現在李佳明公司裡的時候，同事們甚至都不知道李佳明結過婚。那一刻又是薇兒先退縮了，他不想破壞老公的事業，找個藉口退了出來。有個女同事看出了一切，跟著薇兒下了樓，在附近的咖啡館裡，女同事告訴他：「李佳明一直在外人面前隱瞞已婚，和所有有點姿色的同事、客戶玩曖昧，甚至以情侶的身分一起出差住飯店。」

怪不得當初舉行婚禮也只是在李佳明老家的地方辦了酒席，他和父母明明早就搬到了城裡。在這裡薇兒甚至連一個朋友都沒有，那天他抱著孩子走出咖啡館的時候，忽然覺得天旋地轉。

之前他拚命為李佳明構築的一切，什麼好男人、好老公、有事業、有責任、有野心等等，都塌了。

薇兒還是問了問李佳明，把戲被揭穿的他惱羞成怒，歇斯底里地衝著老婆大喊：「我要不是為了爸媽催婚要孫子，才不會把大好人生毀在婚姻上！原本娶你就是因為你老實聽話，沒想到你也是那種餵不飽的心機女，哪個男人沒這樣逢場作戲。養著你和孩子衣食無憂，我在外面跟外人說什麼有那麼重要嗎？有女人跟你胡說也是因為嫉妒你！」

那個晚上李佳明先來硬的，嚇得薇兒很快就洩了氣，又來軟的，說的都是自己多有抱負和夢想，做得多麼努力和辛苦。社會怎麼現實和虛偽，自己這樣做也很痛苦，可是為了薇兒和兒子的未來，他不得不負重前行等等。

而且，李佳明當晚就幫薇兒列了個書單，讓他多看書、多學習，別跟外面的世俗女人來往，會被帶壞的。

又輪到薇兒要進行所謂的「深度思考」了，畢竟李佳明對自己沒有什麼不好，住著大房子，每個月都按時給錢養家。老媽也在一旁邊收拾一地狼藉，一邊數落著女兒不知足。

那一晚，李佳明當著丈母娘和孩子的面砸了一地東西，還重重地把薇兒推倒在地上兩次。他是道了歉，還列了讓老婆進步的書單，然後又說需要冷靜，回父母家睡了，留下一屋子冰冷的碎屑。

在孩子長大的這幾個月裡，李佳明嫌幼子哭鬧，在家過夜的次數，十個手指頭都能數得過來。但薇兒能理解，老公睡不好覺就沒精力工作，他是個註定要高飛的男人，前途無可限量，會一直是自己的驕傲。

所以在這之前，薇兒打算自己也要成為老公的驕傲。他深夜傳訊息給我，讓我看看自己還要看什麼書、報名什麼課程、學什麼、哪部分需要加強，才能讓老公刮目相看，才能消解家庭和沒用的自己為他帶來的那種無奈感。

最後他寫道：「珣姐姐，你理解嗎？」

我回道：「我不理解，也不願理解這樣的你，甚至現在也跟著一起幫你列書單、補課修練，催你工作賺錢。因為女性獨立和依附男權是兩回事，視男權為自己驕傲的女子，即使實現經濟獨立，也無法做到精神獨立。」

我從不認為情感坦誠的婚姻和相親相愛的家人，會為我們的個人追求帶來什麼困惑無奈和糾結痛苦。**那些最終由此演變出的自卑忍讓和謊言背叛，都是人心的無知虛偽以及人性的自私涼薄。**

這是人禍，絕非天災。這不是愛情，這只是奴役。

薇兒在找工作了，這我不反對，工作永遠是我們最值得驕傲的存在。

薇兒還是經常不知道老公在哪裡，這讓我很無奈，女性獨立永遠不該是男權脫責的藉口。

面對這個我深愛著的世界，我要做一個魔鬼中的天使，你可以叫我瘋子，但不要認為我是傻子。

一個人也能活成一座城，默默地攻城掠地，去戰鬥也好過當奴隸。

即使此生都要單槍匹馬，也能勇敢無畏地活成自己想要活成的模樣，願你成為這樣的人。

女人如何勇敢地美回去

要愛上洗臉護膚這件事。

去買一個洗臉機，這是能夠幫助我們好好洗臉的神器，再選購一款適合自己皮膚的洗面乳，每天早晚兩次認真洗臉。還要盤起頭髮連脖子一起輕柔洗護，那種能兼具卸妝和清潔的洗面乳更好。

總之，你要先了解自己的膚質，再去選購適合膚質的護膚品，這中間或許會有很多錢被浪費，但你終究會因為擁有了乾淨白皙的皮膚，而愛上洗臉護膚這件事。

面膜是一定要用的，最起碼可以達到保濕的效果，每天一張、隔天一張都可以，長距離的飛行和火車上也應該使用，用了總比不用得好。多喝白開水和多睡覺是保持肌膚潤澤的根本，且記且執行。

我每天洗頭、洗澡、換內衣，全身塗護膚品，包括手和腳。頭髮吹乾後替髮梢抹精油，洗髮精品牌很多都不錯，要選擇兩、三款在一年的時間裡輪流使用。長此堅持下去，你的身體、長髮，睡過的枕頭，蓋過的被子，甚至是換下的內衣也全無異味，而是會散發出自然清香，獨一無二並且無可替代。

這一生都與運動相伴前行。

運動的形式不限，堅持每小時時速七公里快走，每次長跑五公里以上，或是八百公尺以上游泳等有氧運動最好。每週三次以上，每次打羽毛球和網球兩小時以上，也可以讓我們保持緊實的肌膚和好看的線條。

在專業健身教練指導下的各種無氧運動、瑜伽、舞蹈等等，也能達到同樣效果。但如果要降脂減體重數，有氧運動加上節制飲食是前提條件，並且一起進行。

如果場地有限，或是工作間隙，我們還可以做棒式、爬牆、貼牆站立，這些看似靜態卻有助於緩解頸椎和腰椎壓力，同樣可以保持身材長年不變。動作怎麼做正確自己網路上查，關於一天做幾次、每次保持多長時間，我身邊的健身教練回答：「越多越好。」

我記得有位華裔女作家曾說過：「我去咖啡館約會，等朋友來之前還會在地板做棒式。」而如今已經六十歲的他擁有的身材、顏值和才華，一樣光彩奪目。

運動除了能獲得健康和保持少女身材，也能讓我們的整體顏值加分很多，甚至五官和皮膚也因為運動帶來的快樂荷爾蒙，變得越來越白皙清透起來。

有品味的穿著可以擺脫年齡束縛。

衣服、包包和鞋子，永遠買比實際年齡小五歲以上的款式和顏色，如果你還保持著少女的姿態，那麼二十多歲的穿著風格也會適合你。你要活得和白T恤搭牛仔褲一樣，永不過時和衰老。

名牌款你要辨識是否適合自己，別人穿得好看未必適合你，價格貴有貴的道理，但多數名牌款都偏成熟，五十歲以後再穿再用都來得及。不如在潮牌、設計師品牌和偏時尚的二線品牌裡挑選喜歡的，某些連鎖時裝品牌也可以找一找，偶爾也可以找到布料和款式都OK的。

我個人喜歡去購物中心專櫃試穿、試用和購買，一是因為布料對我來說很重要，衣服買了總要洗，洗了還能穿幾次就在於質地過不過關了。二是我很享受購物的樂趣和滿足感，這有利於我釋放工作和賺錢的壓力，會讓我又變得快樂和有信心。

網購和代購也可以滿足我們的穿著需要，但網購最好不要選擇太過便宜的服飾，當用料和設計都談不上的時候，是不可能穿出品味和時尚感的。代購則要練就自己的火眼金睛，價格固然比中國國內專櫃便宜一點，但花高價買假貨當真品穿的事情也經常發生。

去專櫃試用化妝品和香水也是一件很快樂的事情，上週末我在某品牌專櫃尋覓到一種新香水，中國國內只有幾家門市有售，花香為基調很適合成熟女性。這瓶香水讓我高興了整個週末，以後用了就會每天都很高興。

保持一塵不染的家居和朋友名單。

整理自己的居住環境，不論買來的還是租來的房子，都是我們的家。每個角落都不要沾染灰塵，並且要安放綠色植物、檯燈等物品，讓家裡沒有亂糟糟的死角，是能夠帶來好心情和好風水的。

我喜歡買種植花草，這是有生命的，很少買鮮花插瓶，這是沒有生命的。養花種草，有庭院的還可以種樹種菜，除了能夠培養興趣和安撫情緒，住家內外蓬勃生長的生命，也會為我們帶來好運氣。

我只和觀念一致的人來往，如果之前的朋友因為結婚生子話題不同，或是搬遷工作路不同，我也會毫不猶豫捨棄來往。**這一生我們都會有不同的選擇和追求，每一段旅程即使孤單，也不需要潑冷水和扯後腿的人羈絆。**

我不喜歡麻煩別人，也不喜歡別人麻煩我，答應了的事情一定會做，但很少會隨意去答應。我甚至不喜歡在層次不同的人面前分享生活和美物，沒有共鳴就是多事，引來嫉妒、惡意大家都不爽。

我手機電話本裡只有家人和真正的朋友才會有，還會根據個人關係遠近和性格安排了特殊的頭貼。社交平臺聊天頁面被置頂的也是這些人，其他聊天或是公事說完就刪，根本不保留紀錄。重要的人一直重要，不重要的人來來去去我全無情也無意。

即使如我這般還算強大的人，也需要那些有愛的家人和有正能量的朋友避邪，你看看自己的朋友名單，是不是更該刪掉一些怨婦、渣男、倒楣蛋和嘴賤心更壞的人？**不要忽略身邊人的影響，從來都是近朱者赤、近墨者黑。**

永遠不要在垃圾箱裡找男人和朋友，遭遇了也是越早扔掉越好。你一定要活得貴重一點。

我們都有自己想過的生活，其中最基本的內容無非是：有支撐基礎生活的金錢，有自由支配的時間，再有一個彼此喜歡的人相伴。在這些條件上，如果沒有好多好多的愛，遇不到自己喜歡的人，就去努力賺好多好多的錢，去想去的地方，買想買的東西，同樣可以讓我們變美和變快樂。

先脫貧再脫單，先謀生再謀愛。不努力經營自己卻急著戀愛和嫁人，結果呢？三十歲就被生活瑣事、孩子房子、婆媳關係糾纏，發現錢還是不夠用，男人沒用又想著去拚孩子試圖老了沾點光。四十歲就成了黃臉婆，夫妻關係陷入冷漠薄涼，丈夫出軌，孩子叛逆，甚至連性生活都已經偃旗息鼓。

這是一個女人不努力、不自省、不改變的人生寫照，這是很多女人正在走的路，這也是過得最便宜的一種生活方式，別人就更不可能把你當人看待了。

別貪小便宜，那種談個戀愛就覺得什麼都該男人買單、嫁了人就覺得自己吃了虧男人家得給錢養著自己的女孩，活得太廉價了，招來的也都是和自己一類的人，甚至更渣。

你五官不精緻，就去學習化妝，揚長避短。你皮膚長痘痘，就去調節飲食，保證睡眠充足。你身材不好看，就去跑步做運動，減肥堪比整形。你工作不滿意，就去多進修多努力，以便機會來了自己抓得住。你想提升自己，就去多讀書多聽音樂，還得多賺錢才能為生活品質加分。

活得貴一點的女子會避掉很多負能量和是非，而能被他身上的光芒吸引的，也必定是觀念相同、能夠彼此成就變得更優秀的人。其實所有的改變，都不需要太多的時間，而且也不是為了取悅誰，只是為了活成那個貴一點的自己，你眼前的世界也就不一樣了。

心裡有期待，手邊在做事，然後默默努力堅持，那件叫作「以後」的事，就會開出花來……

多少人的觀念，都敗給了網紅的五官

賈雯雯高中畢業考了一間外地的專科學校，以他嬌生慣養不能自理的生活狀態，當然是不去。以重考為藉口混了一年，結果成績更差，徹底沒書念了。老媽沒工作，一家三口靠老爸一人的收入，其實在那個地方城市裡，賈雯雯一家連小康都算不上。

但這並不影響父母傾盡全力，富養出只喜歡穿衣打扮卻無心讀書工作的女兒。老媽說了：「我女兒長得那麼漂亮，能嫁個好人家就行了，反正我們再多養他幾年也無所謂。」

真是無所謂嗎？賈雯雯不念書後花錢的時候反而更多，先是因為走出學校沒了管束，整天在網路上買衣服和化妝品。價格倒是不貴，也就是幾十元人民幣的東西，他越打扮越覺得不美，越不美就越要打扮。

然後就是和朋友聚會吃飯，還有玩線上遊戲需要花錢買裝備，不念書後男朋友換得更勤快，爸媽實在滿足不了他花錢的欲望，就找男友要。曾經因為花小男友的錢，被對方老媽找到家裡，要求他爸媽還兒子透支信貸的錢。

即使如此，老媽依舊覺得女兒花男友的錢沒錯，嫁漢嫁漢就是穿衣吃飯。別看平時賈雯雯從不聽父母之言，這句話他卻聽得上心，老媽就是被老爸養了一輩子，老爸沒用，不會賺錢，自己怎麼樣也得找個富二代。

沒錢手頭緊的賈雯雯宣布自己要當主播做網紅了，前兩年各種直播平臺爆紅，給了很多普通人露臉出名的機會。於是大家各顯其能，黃的不能播就播露的，美的沒資格就播醜的，普通的得不到粉絲打賞就惡搞吸引眼球的。據說很多人爆紅，能月入數十萬元人民幣。

整天沉迷網路的賈雯雯當然不會放過這樣的機會，他把自己的小屋布置了一番，白天也拉著黑簾，先是直播自己的穿衣搭配，然後是教人家化妝。三個月後粉絲寥寥，打賞的錢還不夠電費。

賈雯雯偶爾走出小屋吃個飯也黑著眼圈，雖然如此，但他還是做著網紅的夢，把自己沒賺到錢怪在爸媽沒給他一張美若天仙的臉。於是，他又打算去整形了。

賈雯雯拿著爸媽給的一萬元人民幣，走進一家在網路上狂打廣告的路邊店面，開了眼角又打了瘦臉針，錢很快就花完了，但賈雯雯還是沒得到自己想要的效果。美容師告訴他可以請某位國外名醫來做削骨、隆鼻等整形手術，讓他徹底蛻變為大美女，但費用需要十萬元人民幣。

賈雯雯的爸媽這下為難了，因為實在拿不出這麼大一筆錢，也對這種手術產生了擔心。但賈雯雯在變美的路上義無反顧，在絕食相逼幾天後，爸媽向親戚借了幾萬元人民幣滿足了他的要求。

手術後的浮腫消退以後，賈雯雯果然變成了標準的網紅臉，尖尖的下巴，挺挺的鼻子，眼角明顯開得太大的眼睛化化妝也不錯。整形後他的粉絲明顯多了起來，短片的流行又讓他以為離暴富的日子不遠了，不會跳什麼正經的舞蹈，但可以「尬舞」，亂跳誰不會？

直到某天深夜，他約了男友在執勤車輛的車頂尬舞並上傳到網路，被警察找上門來的時候，爸媽才意識到女兒賺錢也能賺出牢獄之災。

拘留十天後，賈雯雯並不悔改，還要接著去實現自己當網紅的夢想。老爸算了一筆帳，從他高中畢業後到現在的幾年裡，花了家裡二十多萬元人民幣積蓄還欠了親戚家的債，卻從未賺到過什麼錢。

這種幾十秒的短影片會以資訊流的形式成千上萬地推到你面前，你有興趣就會不停更新，缺乏自制力的人很容易就會花上幾個小時觀看。

直播和短片的關鍵字就是刺激、搞笑和吸引眼球，除了能帶給你幾秒鐘的快樂，不可能具備任何知識和思考，甚至都談不上智商和腦子。

還是有很多的人沉淪其中，要麼想當網紅發財，在極低級或是極危險中求追蹤和打賞，最終出事深陷麻煩，甚至就此喪命的都有。

要麼偷父母錢和挪用公款打賞主播，為了追求主播傾家蕩產不成後，就千里追殺連捅那個年輕女孩九十多刀等等。

網路世界也是最容易自我迷失的地方，世界衛生組織從二〇一八年六月十九日起已經把網路遊戲成癮納入醫療體系，屬於精神類疾病。

那些以為每天打打遊戲、弄弄直播、滑滑手機，不努力就能發財致富，過上想過的生活的人，是一種精神病人群。

賈雯雯還是除了睡覺其他時間都在網路上，沒多久又出事了，他隆過的鼻子開始紅腫，流出發臭的液體，漸漸地塌向了一邊。當地醫院診斷是填充物出了問題，而且還在持續潰爛，建議到北京大醫院治療。

爸媽又借了幾萬元人民幣趕到北京，一家醫院整形外科專家說：「最近幾年我們做整形失敗後的修復手術，比整形手術多多了。」

醫生檢查後表示，不知道實際上是用什麼填充物，根本取不乾淨，賈雯雯的鼻子不能恢復到原始狀態，潰爛處的塌陷無法避免，修復後只能讓鼻子勉強看得下去。而且，呼吸不順暢這件事將伴隨一生。

這時候的賈雯雯不過二十二歲，沒有學歷，沒有工作，沒有固定伴侶，甚至也沒有了正常的容貌。多少人的觀念，敗給了網紅的五官，最終又在非原裝的整形臉下，更加迅速地輸給了歲月。

能讓你精緻的，除了化妝打扮，最厲害的還是知識、努力和愛。相由心生，修圖和整形畫得了皮，也畫不了心。

你現在選擇待在幾十秒的舒適圈裡笑得沒心沒肺，就意味著你往後的幾十年都將在現實的殘酷裡哭到無力自拔。

逃避？有什麼用，你終究也逃不出要吃飯和要花錢。

在絕大多數女孩還是把嫁有錢人當成人生最重要目標的時候，我身為一個經歷過這些，甚至經歷得更多的過來人，想分享一下對婚姻和生活的看法：不結婚，人生煩惱少了三分之一，身體健康，人生煩惱又少了三分之一，剩下三分之一的煩惱則是錢不夠花。

所以，我們這一生最重要的事情是讀書上學有學歷，以便能找到好工作賺到養活自己的錢。同時，健身、旅行、吃好的、穿美點，愛情和婚姻則是順其自然的事，甚至在有些年齡階段完全沒必要對此事太花心思。

不知從何時起，大學生畢業後薪水還不如農民、快遞員，甚至許多碩士、博士畢業後的薪資遠不如街上賣煎餅的阿姨、網路平臺上的網紅們。因此，近年來「讀書無用論」再次甚囂塵上。

當知識在短期之內無法改變個人命運，或是無法馬上賺到大量金錢時，就會不斷有人開始懷疑，讀書真的有用嗎？去網路查一下幾位街知巷聞的商業人士的履歷，無時無刻讓你明白「讀書無用論」是本世紀最大的謊言。

你不堅持，讀再多的書都是進了豬腦子，你堅持了，再去多讀點書就一定是如虎添翼。教育，是唯一能夠讓普通人看到希望和獲得平等的途徑。

每一滴汗水都是脂肪流下的眼淚

購物節還沒到，各大網購平臺提前半個月就進入了備戰狀態，我認真在網路上研究了兩個晚上，也找到幾件心儀的物品加進了購物車，只等打折的號角吹響。

當我把「敗家女孩」的稱號在自己的身上、腳上和手上發揮到淋漓盡致的時候，身邊的男人也不禁眼前一亮。即使錢包一緊，也遠比不上窈窕淑女的誘惑，我記得他說過：「這錢，花得真值得。」

小貝每每在女人們討論新衣的時候玩線上遊戲，偶爾介紹好東西給他，他看了看自己說：「不是我不想美，真是身材不允許。」這個夏天來臨的時候，身高一百六十八公分、體重七十二公斤的小貝打算減肥了。

原本也是一高䠷美女，非得在大學裡把自己養成了肥寶，據說除了念書經常熬夜，學校伙食也太好了。即使二十出頭的年齡讓他不至於皮鬆肉懶，穿個牛仔褲也能藏起部分肥肉，但只要一換上裙子就肥胖畢現了。

小貝發胖這兩年倒是省了不少買衣服的錢，用他的話說：「沒有穿上能顯瘦的衣服，只有真實存在的贅肉。」

我還是很喜歡小貝的，至少知道發胖不好看，也不亂穿衣服。減不減是一回事，明明胖得不好看還認為自己美又是一回事。

小貝也曾經找過好多種減肥的辦法，總之不想忌口，運動倒是做到了，他本來就是個靈活的胖子，一次跑個五公里不在話下，可少吃東西就不行。即使能做到飯量減半，晚飯不吃，也得加了零食才能撐過漫漫長夜。

兩個月後我摸了摸小貝身上的肉肉：「緊實了很多。」但體重卻沒減幾公斤，我們去請教健身教練，「減肥是減脂肪，不是減肌肉，他這樣鍛鍊會讓肌肉緊實，但不增加有氧運動量，不嚴格控制飲食，最多也就是健身啦。」

小貝比一般的胖子身體狀況強多了，只要能堅持控制食量，早晚都會變成一個健康的瘦子。縱觀我們身邊的很多胖子，怕熱又怕冷，吃得多，排得卻不暢，行動遲緩、氣喘吁吁，不論想什麼和做什麼都比不胖的人慢半拍。

李琦是兩個孩子的媽媽，自從結婚後就一直賦閒在家，即使如此也是家事做不好，孩子帶不好，和婆婆吵，和老公鬧，家裡保姆一年最多換過三十個。十年後，兩個孩子都上了小學，自己也養得又肥又壯，原本該修飾一下自己，最近卻又懷疑老公有外遇。

且不論出軌真假，反正李琦的模樣說他四十歲了都不只，身材不高更是胖成了球。多年油膩短髮不變，家裡永遠亂糟糟，偶爾要他整理一下房間，他說：「憑什麼啊？我帶兩個孩子那麼辛苦，還得做家事？」

兩個孩子從一年級開始就得要爸媽幫著做作業，不然就什麼都不會，李琦索性請了家教天天陪。他從「深夜吼媽」變成了「手機動物」，老公說過：「有時候半夜睜開眼，看見他黑著眼圈，頂著亂蓬蓬的頭髮，躺在身邊抱著發出微光的手機，像是見到鬼。」

某次一起出去吃飯，李琦老公穿著皺巴巴又染了色的襯衫。要李琦幫忙打理一下男人的生活，他說：「憑什麼啊？他經常不在家吃飯，三更半夜才回，我還得幫他燙衣服？」

李琦的標準穿著就是分不出顏色的睡褲以及沒有形狀帶著動物圖案的大件T恤。他好像每天都很忙，沒空出去喝杯咖啡、約約女性朋友，沒時間看看書了解新事物，卻又洗不乾淨自己的頭髮，顧不上孩子的學業，管不了老公的生活。

我發現一個規律，那些在我面前愁眉苦臉、各種不如意，或是嘮嘮叨叨怎麼都過不好的人，不論身材胖瘦，首先都是不愛運動，喜歡依靠等待，甚至是出了校門就沒站到過起跑線上的男女。

他們現在卻還在為自己的孩子會不會輸在起跑線上憂心忡忡，你自己就已經輸了，別的孩子的爸媽已經不光是在身材和健康上贏了你一籌，而且比你更自律，更卓越，更成功，生活狀態更好。

前天是北京幼兒園升小學報名的日子，朋友帶著孩子去的時候，發現很多熟悉的面孔，因為從小在老城市長大，報名的家長裡有小學同學和國高中同學。他拍了一些照片傳給我，不過是些「八〇後」的父母，身材變形的比比皆是，蒼老了許多不說，甚至眼睛裡透著茫然和遲鈍。

我們更得努力讓自己和孩子過得好一點，不然操心催人老，缺錢讓人傻。

另一位女性朋友的兒子上幼兒園，那所私立幼兒園提前幾個月就預約去面試，而且註明要父母雙方帶孩子一起過去。整個面試時間一個小時，問孩子就幾分鐘，剩下的時間全在問家長了解家庭狀況，從出身學歷到工作經歷，甚至夫妻情感和諧程度，人家都有試題測試。

乍看起來真是好勢利，你不上也可以啊，這樣的幼兒園拿鉅款擠破頭都進不去的家長多了去了。人家說了：「父母的樣子就是孩子未來的樣子，菁英人群要從幼兒園培養。」

身邊也有患了「產後憂鬱症」的女人，可那些工作到生孩子的前一天，產假過後背著保冷袋、吸奶器上班，午休時間還要去樓下健身房跑步的媽媽們，沒有一個人曾經憂鬱。

我跟坐在我面前沒說幾句就抱怨，動不動就氣虛，胃口卻出奇好的女人們說：「實在改變不了男人，也改變不了自己，不想工作，找不到好工作，沒有高收入可供旅行玩樂高消費，生了兩個孩子發胖變懶的時候，能不能先去走走路或跑跑步？」

運動不光能減肥減脂，還會讓我們快樂的，身體在有氧和無氧運動中產生的快樂物質，能讓我們的皮膚變白臉頰緋紅，產生性高潮一般的愉悅感。

抱怨沒有性生活，解決不了情感痛苦，不能離婚沒錢養自己，那就去運動啊，公園不花錢，社區不收費，沒讓你去辦很貴的會員卡。

W先生是世界五百大企業的高階主管，看起來卻是個非常有正能量的人。但同事說：「總監在人後的壓力一定是非常大的，他一個人的時候一定很孤獨。」

W先生長年跑步，即使經常出差在半個中國飛來飛去，壓力褲和跑步鞋也是行李箱中的必備。很多城市都留下他晨跑的足跡，一次至少十公里，甚至是二十公里。人家把出差搞得像旅行，海邊沙灘、大漠草原、城市廣場、公園湖畔、飯店健身房都是他的跑道，果真是浪漫得一塌糊塗。

他說：「跑步是我減壓的重要方式之一，你跑得越遠，離自己就越近，頭腦也就更清晰，有利於思考。你會覺得世界很簡單，路就在自己腳下，只要我不停下，跑向何方就都可以由自己掌控。」

你穿起跑步鞋走出家門的那一刻，世界就是你的運動場，每一滴汗水都是脂肪流下的眼淚。這是唯一能讓你爽、讓你幸福、讓你被人刮目相看的淚水。

生活裡的奇蹟不應該等待，每個人都應該去創造屬於自己的奇蹟。這個世界正在獎勵那些野心勃勃，又能管理好自己的人。

別在最好的年齡，做個只知道玩手機的傻女人

劉希是手機不離手的女孩，但他不是為了學業，不是為了工作，也不是為了遊戲，而是為了男友。

今天沒有及時回覆訊息，昨天的一則動態貼文他沒有按讚，前天要去吃飯他只選了便宜的自助餐等等。劉希的畢業論文還沒動筆，和男友結婚的心思卻與日俱增，最近他在尋求如何才能逼婚成功。

男友是當地人，家境優越，劉希的父母也希望女兒能藉婚姻上位，順理成章地留在大城市。劉希讀的是頂尖大學，大學四年的夢想和努力，也都在去年談上戀愛開始改變了。現在劉希卻覺得男友對自己越來越不用心，於是趁著男友深夜熟睡，偷拿他的手機找人破解密碼看了他的訊息、電子信箱和電話。

一個大公司做銷售人員的上班族手機裡，有大量的客戶資訊，上過班的人都知道這些並沒有什麼。但劉希不知道，他的世界之前是學校，現在是男友，將來則是糊裡糊塗。

劉希雖然把擔心和疑心憋在了肚子裡，但越發關心男友的生活和工作，有時候還去接他下班，故意讓他的同事見到自己，又逼著男友用他的照片當微信頭像。男友當然不同意，何況微信更多是為了工作聯絡方便。

劉希終於忍不住說出了偷看手機的事情，被男友指責心眼小沒教養，兩個人的矛盾就此爆發，劉希一氣之下又說了分手，結果男友這一次沒有再像之前那樣來哄他。三天過去杳無音訊，劉希忍不住聯絡男友，對方約他見面，內容就是分手。

這時候的劉希畢業已經半年，別的同學要麼研究所開學，要麼已經上班，唯獨他什麼都被耽擱了。他當然不同意分手，但男友去意已決，給劉希一個月的時間找房子搬家，然後就不再聯絡，劉希找到男友公司也被拒之門外。

男友留給劉希的最後一句話是：「不要在你最好的年齡，做個只關心別人手機的傻女人。」

大多數人並不是按照事實改變自己的想法，而是按照自己的想法去改變事實。結果呢？即使是瑣碎的小事和誤會，都會被女人調製成毒藥，損人還不利己。

你多努力先去實現一點自我價值，就不會每天渾渾噩噩耗在瑣碎的庸碌裡，今天擔心他有沒有上交友網站，明天是不是不再愛我，越來越易燃易爆，越來越歇斯底里，活得淺薄且可惜。

最怕你一生鼠目寸光碌碌無為，還安慰自己真愛永存，一個男人就是詩和遠方。

最近露西也失戀了，與其說是失戀，不如說是一個已婚女子生出了婚外的情愫，瘋狂地愛上微信群組裡的另一個已婚男人。所謂戀情在上了幾次床後，對方就突然消失了，連露西想要的「說法」也沒有。

看到露西不吃不喝也不睡的憔悴模樣，我問露西想要一個什麼樣的說法？露西認為愛情有開始就該有結束，怎麼樣也得說一聲吧，而不是憑空消失，把所有聯絡方式都封鎖。

可是如果不是愛情呢？一開始就是兩個寂寞已婚男女的乾柴烈火，用這種方式消失，也是遊戲規則啊。

露西手機裡有N個微信群組，各種媽媽群組和班級群組，各種打折買東西和賣東西的群組，還有跳舞、快走、健身群組等等。再加上有時候也要玩玩遊戲，露西日常除了睡著了，吃飯也是要抱著手機不放的。

手機，就是露西的寵物，比生活和家庭更重要。即使是陪孩子開家長會，也不會耽誤他時時滑手機，露西說：「我要透過手機看外面的世界的！」

所以，露西早就不看書了，遇到情感和生活上的危機，要麼拿著手機查看各種不可靠的如何抓住男人心和錢的攻略，要麼就去所謂的閨密群組裡尋找良方祕笈。**說來說去，見來見去，遇來遇去，都是和自己同一個層次的男女，處理問題的方式也智慧不到哪裡去。**

你多看點書，腹有詩書眼界寬，或是出去工作，找個可靠的男人談戀愛，再怎麼樣每年還有點錢去幾個沒有去過的遠方，你才不會被狹隘的手機和圈子束縛。

認識個渣男就成了你的「非他不可」，遇到了騙子還以為「真愛來臨」，有人向你吹噓「年入百萬」你也信以為真，讓自己的情感和生活都一團糟。這樣的你，活得太廉價了，更容易被玩弄和被欺騙。

很多人甚至很少去相信對的事，只去做相當方便、任性而為的事，然後後悔，哭天抹淚地說別人騙了自己，或是生活不公平。

痛苦是財富，這句話最扯淡，痛苦就是痛苦，對痛苦的思考才是財富。

如果說閱讀和旅行對你來說還是一種奢侈，那就去工作賺錢啊，這也是一種見識世面的過程，並且你有多努力就有多速成。如果你因為孩子、家事而沒辦法出去工作，也可以把愛好變成賺錢的途徑，我身邊就有開網路商店賣自己做的蛋糕和包子的全職太太。

總之，你會在賺錢的過程中接觸更多的人，學到更多的知識，應對更多的場合，而不是透過手機偷窺別人的生活，誤讀浪費自己的現在，甚至遇見那種善於用手機螢幕偽裝自己的人，導致自己痛不欲生。

最關鍵的是，如果你成功賺到了錢，會因此認識更多優質的男人和女人，即使只是做朋友，你也能獲得真正的提升。

從現在開始，不要再做手機不離手、放下手機就一無所有的人，不要再為任何人和任何事熬夜晚睡，不要再為不吃早餐找藉口。從此和便宜貨還有渣男絕緣，一個嚴重危害顏值，一個嚴重影響前途。

沒有前途的女人沒有生活，只有活著，這是最嚴重的一種資源浪費。

如今男人的兩大愛好：拉良家婦女下水，勸風塵女子從良。

如今女人的兩大愛好：和高端產品總是在談價格，和低端產品總是在談品質。

誰有毛病？

就算住冷宮，我也要種點花花草草

朋友從西藏帶回一塊品質極佳的酥油給我，為了享受美味，我從雲南網購了松茸，是絕配的食材。北京的初秋正是彩雲之南的雨季，打開箱子的一瞬間，密林花草香就伴著一顆顆碩大的松茸來到了城市。

將酥油融化在烤盤上，餐廳裡四溢奶香。慢慢煎熟切成薄片的松茸，只是撒上一些粗鹽粒放進嘴裡，礦物質的香就會在舌尖上散開。與其說食物用來填飽肚子的，不如說這是老天賜予每個凡人的一種歡愉。

為了吃一塊酥油，我買了兩斤松茸。

同學來北京相聚，說起他看過的一個訪談節目。節目裡的來賓說：「我買了一種醋，為了吃它，特地包了很多餃子。」

同學嘖嘖地說：「我只有為了吃餃子才會去找醋，可人家為了品嘗一款醋而包了餃子。這是有錢人的生活了吧。」

他是地方公務員，妻子是明星高中老師，他和妻子都是獨生子女，再算上雙方父母的房子，一共六間房子。怎麼看也不算沒錢的人，但他也覺得為了醋而包餃子必須有錢才能做到。

另一位朋友近來忙著借錢，在經歷了錢難借後，他忍不住抱怨人情薄涼和日子辛苦。小倆口在北京擁有兩間房子，現在借錢是為了在北京週邊再入手第三間房，因為辦不了貸款了只能籌借。

前幾年買了第二間房子後一家人就「消費降級」：自己不買兩百元人民幣以上的衣服，孩子只能進便宜的私立幼兒園，老公的月開銷必須在兩千元人民幣以下，不然他就不幫他還信用卡，一家人基本不出去吃飯，公婆帶孩子得他們自己貼買菜的錢，應酬聚會能躲就躲，躲不掉就給最少的禮金去最便宜的地點等等。

我記得有一次，他三更半夜打電話給我，哭訴自己的日子過得太委屈。他老公接過電話說：「如果不是他要去投資什麼兩間房子，我們根本沒必要這樣過，我把菸都戒了，兩年都沒買過一件衣服，爸媽來幫我帶孩子還得給生活費，他還是不滿意。」

有能力在北京城區擁有兩間房子的人還要抱怨生活艱辛，更多的人豈不是更活不下去了？

現在他又要入手第三間房子了，說到底怎麼也不算是沒錢的人，但偏偏抱怨最多，戾氣最重，借不到錢還要指責別人無情。可平時他對任何人都更涼薄，包括家人和他自己。

曾經有一篇〈北京，有兩千萬人在假裝生活〉的文章風靡網路。作者以捅破窗戶紙的戰士姿態，直指「沒有五間房子」的北京外地人根本沒有真正的生活，以及「沒有祖產的移民一代，註定要困在房子裡」。

然後摩拜（中國一家從事網際網路共享自行車營運的公司）被美團（中國一家提供消費產品和零售服務的中文購物平臺）併購，一篇〈摩拜創始人套現十五億（人民幣）：你的同齡人，正在拋棄你〉的文章在網路上瘋轉。

通篇看下來，是一碗味道十分純正的毒雞湯。有人在微博炮轟該文，表示自己對文章、標題都極其討厭，原因是不僅在售賣焦慮，而且製造恐慌。

一時間，我們好多人似乎都被拋棄了……

古代帝王三歲登基，你的同齡人，正在拋棄你。

詩人七歲寫出《詠鵝》，你的同齡人，正在拋棄你。

小鮮肉演員十七歲身價過億元人民幣，你的同齡人，正在拋棄你。

世界首富六十歲身價五千億元人民幣，你的同齡人，正在拋棄你。

看著，我也笑出了豬聲，說他們「製造焦慮」、「製造恐慌」，是對的。

賺了十五億元人民幣的創始人也回應道：「感謝，別為了流量，扭曲了價值觀和美好事物。」

適當的壓力，其實也是動力，你覺得錢不夠花，就會激勵你去想辦法賺錢。但如果壓力值超過一定的界限，就會導致焦慮和不幸福感。

雞蛋，從外打破是食物，從內打破是生命。人生亦是，**從外打破是壓力，從內打破是成長**。

「這個世界，有一些穿高跟鞋走不到的路，有一些噴著香水聞不到的空氣，有一些在辦公大樓裡遇不到的人……」

看著真是一句美好到矯情的勵志文，好像不來趟說走就走的旅行，就不知道還有詩和遠方。

可還有很多人的高跟鞋磨破腳跟，空氣再新鮮也已經被銅臭塞滿，只有辦公大樓裡遭遇過職場的歷練，遇到了更好的人，才會有驚鴻一瞥。

努力的意義，就是為了讓我們獲得該有的社會地位，為自己贏得尊重也贏得金錢。而消費的價值，不就是為了讓努力工作的我們能感受到生活的愉悅嗎？

「消費降級」就是砍掉愉悅的部分，只剩下辛苦麻木的生存，那努力還有什麼動力和意義呢？

好像我們現在將就使用廉價偽劣的商品，吃街頭垃圾食物，每天消費不到一百塊，而且還要用「心靈土雞湯」安慰自己這才是不虛榮的活法，堅持下去自己就能成為李嘉誠似的。

我們生活的環境裡，貧窮、不富裕依舊是多數人的現狀，消費上的升級或是降級都應該是對照自己的進退，而不是對標有錢人。

太多售賣焦慮的人，認為只有購買奢侈品和沉迷燈紅酒綠才是消費升級，買不起、吃不起、玩不起，就是消費降級。拜託，為什麼非要用普通人的生活和有錢人的日子做比較呢？

我們活著、努力著、痛並且快樂著，唯一需要對比的，不該只是過去的自己嗎？前面說的那位女性朋友，原本來自農村，現在都要在北京入手第三間房子了，這哪是什麼消費降級？這已是很厲害的消費升級了。

這類人也最喜歡用所謂的「消費降級」炮製廉價的焦慮，他們早就不再是對貧窮的恐懼了，而是陷在窮人思維中的自己找虐。

可又有多少人是跟我一樣，為了一塊酥油買松茸，為了嘗醋而包餃子。然後一家人坐在餐桌前細細品嘗，敞開最單純的心境，露出最溫柔的笑容。

靠自己努力，一點一點地積攢金錢、儲蓄心境，一點一點地讓眼前的生活變成自己想要的樣子。哪怕每一天都在量入而出，因壓力而喘息，沒有榮華富貴，卻也活得貴重溫暖。

這樣的細節和暖意所帶給我們的幸福感，是犯了無數的錯，甚至也有過走投無路後，才慢慢積攢下的，幾乎就是我們人生最本真的模樣與幸福了。

我為什麼要放棄？依著我的性格，就算住在冷宮也要種點花花草草！我也無意提倡花錢大手大腳，導致每個月都入不敷出，透過借貸用一堆奢侈品，還把自己打扮成聖誕樹。

但我要每天洗頭洗澡，穿最貴的內衣，保持少女的身材，吃健康的食物，有能力談純粹的戀愛，有本事過有愛情的婚姻。

這麼多年裡，我不論境遇豐順還是艱難，都堅持著能讓自己內心舒適的生活方式，所以才知道黑暗處會有光，保持自己最漂亮的樣子就會有奇遇。

並不是沒有錢生活就必是糟糕的，也不是沒有愛情就是寂寞的，越是簡單的生活越是可以過出美感，越是純粹的愛情越是能生出希望。

少買一點，買好一點，少吃一點，吃好一點，少說一點，多做一點。寧願一個人有品質的單身，也不將就於更孤單的婚姻。這年頭，拚到最後我們不過就是在拚一種心境，有錢沒錢都將活得熠熠生輝。

有一位作家當年在戰亂中流離失所，夜間他用手電筒看書，旁人勸說會傷了眼睛。他回答：「看書能讓心安寧，如果一顆炮彈來了，命都沒了，要那麼好的眼睛何用？看，怎麼開心怎麼來。」

精緻不等於奢侈，節省不等於粗糙，把生活弄得如此複雜、瑣碎、怨聲載道、毫無美感，全怪自己一刻不停在用最滄桑的心態算計著一切。

讓心在愛與美中永存，反正人間只有這一世，下輩子我們要去天界做神仙。

這個世界正在獎勵有野心的女子

身分複雜且神祕的酒吧老闆時樾，早年是「藍天利刃」飛行訓練營的學員，本是天之驕子的他因為重大變故抱憾被除名。時樾的少年時代屢經坎坷挫折，幾經沉浮，直到遇到「大哥的女人」安寧，靠他的幫助才得以浴火重生。

既有大女人的強勢、也有小女人的嫵媚的安寧，對時樾的影響很深，他們相識於同樣失意的時刻。當初他們的關係既是各取所需，也是互相扶持。安寧是信任時樾的，這才有了十年之後，心狠手辣卻對軍人依舊保有信仰之心的時樾。

如果說女主角南喬是時樾的現在，那第二女主角安寧幾乎就是他的過去，他和他有相似的經歷，他了解他甚至超過他自己，而安寧的扮演者，其個人故事也是相當帶感且驚豔。

安寧曾經是「大哥的女人」，女老大和小狼狗的設定讓這段愛情從一開始就不平等。安寧有氣場，壓得住陣勢。愛情在他搖擺的腰肢中有著克制的分寸感，嫵媚天成，連耍狠撒嬌都帶著幾分熟女的優雅。

他會扯著時樾的衣角示弱，需要時樾給自己勇氣。他也會在害怕時緊緊抱著時樾流淚，在時樾身上找尋他想要的安全感。時樾抱起被前夫推倒的他，他也會緊緊摟住他的脖子瑟瑟發抖沉默不語。天啊，這撩技，簡直讓女人都受不了！

看了最近在社群動態洗版的中國電視劇《南方有喬木》，有人問我對安寧和時樾這對姐弟戀的看法。我一直相信時樾當初是愛過安寧的，時過境遷和另有所愛都正常，生活中若真有安寧這樣的女子，我也相信他不會因為時樾愛上了年輕的南喬就滿心恨意，最終會選擇放手。

這是成年人的愛情，也是安寧這般歷經世事的女子應該有的氣度。就像他被黑社會老大挾持，時樾衝進去解救危局，緊摟著安寧轉身時說：「你這樣的女人，離開也要優雅。」

時樾後來愛上南喬也是必然，南喬當初拋棄了家族的庇護，只為在無人飛行器領域獨闖一片天地。而他的堅持和信任，讓時樾那顆離群索居了十年的漂泊者之心，終於得了皈依。這也是本能，因為他們是同類人。

只是這部電視劇中，有大量重播和倒敘鏡頭灌水集數，因為原著的篇幅並不長。但三星給安寧的撩人風情，兩星給時樾的耍帥擺酷。

安寧的扮演者曾經是中國中央戲劇學院七朵金花之一，大多數生於那個年代的演員，都面臨著有演技但沒合適劇本的困境，只能開始演「九〇後」和「〇〇後」的婆婆媽媽了。

但如今四十歲的他，沒有發福也沒有怨氣。梳起馬尾換上運動衣，依舊有蠻腰、翹臀和細腿，背影看起來還像二十二歲那年，憑藉《榴槤飄飄》的表演獲得諸多殊榮的那個藝校女生。

看到《南方有喬木》裡的安寧，我還是蠻期待的，因為這是一個御姐風範人物，冷傲、有氣場，絕不是那種婆媳劇裡的怨婦。等了十集，安姐終於現身，果真有種老娘經歷過刀山火海，現在早已經油鹽不進的淡定。

他的出場就像《紅樓夢》裡的王熙鳳，未見其人，先聞其聲。這個「聲」也是旁人口中的描述，一眾平時耀武揚威的小混混，提起安姐都犯怵，生怕哪裡做得不好被他知道。

安寧和時樾在劇中完美演繹了一場「年下戀」，安寧有著令人望而生畏的黑社會背景，又比時樾整整大了十一歲，是時樾昏暗歲月中的救命稻草，亦是伴隨他七年青春的致命毒藥。

當初他用鋒利的筆尖狠狠地扎進時樾的肩膀，伴著噴湧而出的鮮血，他告訴他：「從今天起，你就是我的人。」時樾肩膀留下的疤痕，就是他宣示過主權的印章，換了人也無法磨滅兩個人之間曾經的快意恩仇。

最近熱播的韓劇《謎霧》，女主角高惠蘭也是如安寧一般的角色，成功且美麗的新聞主播。他已過不惑之年，表面看似風光無限，實際工作中面對的是風起雲湧鉤心鬥角，與丈夫關係也非常疏遠。如此環境下他還是在努力維持自己的體面，儘管又成為殺人案的嫌疑人。

高惠蘭不允許自己的生活出現任何差錯，這也導致他變成了一個真正內心冰冷的女人。在母親的葬禮上，他還不忘提醒丈夫換上筆挺的西裝，說丈夫是律師世家，不要讓自己丟臉。

節目導演對高惠蘭的工作冷嘲熱諷，高惠蘭立刻頂嘴回去：「你一個男人」、「毫無還手之力地被我搶走了主持人的位置」、「真正丟人現眼的是像你這樣一推就倒的人」。

年輕的女主播也被他輕易打倒，高惠蘭告訴他：「如果僅僅是為了收視率和當主播的光鮮感，這個工作不能給你，因為它是神聖的。」在後來的相處中，他也逐漸感受到高惠蘭並不是單純嫉妒年輕，而是從心裡敬仰這個職業。

高惠蘭為了穩住事業丟下了諸多東西，因此得罪了很多身邊人，包括同事、朋友，甚至是丈夫。所有人都評價高惠蘭為「心腸狠毒的女人」，都在焦急等著看高惠蘭的笑話。

但高惠蘭義無反顧地一路到底，任何人任何事都不能阻擋他前進，確實他也做到了，而且做得很好。年輕的記者為什麼一如既往地支持高惠蘭？因為都感受到他雖然欲望重野心大，但做事並不是沒有底線，而是發自內心地堅持原則和信仰，一切以原則和信仰為出發點去面對世界。

男主角是名門望族家裡的獨生子，雖然因高惠蘭七年前打掉孩子而埋怨他，但是依然深愛他，不論他做了什麼都對他一往情深，一直在背後支持他，以「高惠蘭是我女人」的方式對他至死不渝。劇中三個不成熟的大男孩被他吸引崇拜，敬仰圍繞在他周圍獻出青春、生命和整個人生。

在美人看起來也會遲暮的年紀，婚後育有一子一女，螢幕上的角色卻被新人代替。但不服輸的他們即使沉寂也是一種蟄伏，時機到了又是一次驚豔出場。

安寧和高慧蘭，其實很難用大女人或是小女人來形容，只能說這是一種把野心和深情活進了骨子裡的女子。

在國外，野心勃勃的霸道女上司比傻白甜的實習生受歡迎多了。在中國國內，經濟獨立的女性也越來越多，所以這種真能幹並且真聰明的女子，正受到越來越多的關注與認同。

他們更加隱忍也就更有動力成功，他們更加堅持也就更有資格優雅。他們的老謀深算出自對人事的敏銳洞察力，他們的不擇手段出自對事物的專業自信，他們的現實功利出自對生活品質的精益求精。

佛系女子：你也算厭世到了最高層

西梅的孩子剛上小學，婚姻就過不下去了，他的老公已經和小三同居了兩年且又生了孩子。但三十三歲的西梅結婚十年都是全職主婦，沒有學歷的他始終走不出找工作養活自己這條路。他的老公看在孩子的分上每個月還會給西梅生活費，就因為如此他更不敢離婚，生怕徹底斷了經濟來源。

其實也不是找不到工作，但西梅說：「我可拉不下臉去做推銷員、服務生什麼的，上次有朋友居然讓我去公司當清潔人員，真是太過分了。」可國中畢業的他又能做什麼呢？西梅倒是一直有打算，他說：「我要去報名同等學歷考試，有了大學文憑就能找到體面又賺錢的好工作了吧，可你說現在去學會不會晚了點？」

我什麼也沒有說，因為關於同等學歷考試這件事，從幾年前老公出軌的時候，他就曾經說要去念書找工作獨立，只是一直停留在嘴上罷了。直到今年老公去法院起訴離婚，他還是個沒有任何收入的家庭主婦。

前段時間西梅忙起來，開始以為他去念書了，後來才知道他是信佛了。經常跟著一些居士出入佛寺，每天打坐唸經，頓頓都吃素，和朋友見面只去素菜館。法院開庭不去，說是要閉關清修，孩子則交給父母照看。

但西梅並沒有放過老公，哪個月沒給錢就找上門去吵鬧，某天終於和小三打成了一團，被老公趕出了門。男人放言他再不同意離婚，就收回西梅現在住的房子，孩子的生活費也減半。

西梅又消失了一段時間，再出關時就宣布自己成佛了。他素衣素食只喝清水，不看電視只看佛經，一個月花幾百塊生活費足矣，其中有幾天還不吃任何東西要辟穀。孩子十天半個月也見不到媽媽一面，他再也不提念書找工作的事，但生活費即使再少還是需要錢的，西梅又開始靠父母接濟了。

因為西梅死活都不同意離婚，法院駁回了離婚訴訟。我說：「半年後他再去法院起訴的時候，法院會判離。」

西梅回答：「那不是又拖了一年嗎？我要修身養性了，先不跟他和小三計較，自然會有福報，等到我有錢有勢了再叫這對狗男女好看。」

一邊什麼都不去做，一邊又什麼都不放過。我想，這一定不是佛的本意，這只是西梅的一種逃避。

艾艾是個「九〇後」，剛上班兩年，最近也宣布自己找到了人生新方向，他也成佛了。我記得他已經換了無數個公司都不滿意，不是嫌錢少就是說加班太累，上個月還要辭職。艾艾說：「之前是我不夠成熟，自從和我閨密一起成為佛系員工，感覺自己的思想境界飛升了很多。」

看我不解，艾艾又說：「佛系的意思就是，有也行，沒有也行，淡泊名利，不爭不搶，不求輸贏，不努力也是一種豁達淡定，用我們喜歡的方式過一生就好。」

佛系男女：男的在家打線上遊戲，女的在家追劇，付出是件奢侈品。佛系朋友：幫誰都按讚，見誰都擁抱，世界就充滿愛。

佛系養身：一邊熬夜一邊敷面膜，一邊喝啤酒一邊泡枸杞。佛系女孩：衣服能穿就好，化妝是不環保，胖是有福氣。佛系工作：心如止水，不喜不悲，不努力也是一種人生。佛系員工：順其自然，如果不是我的，努力也是浪費時間。佛系戀愛：等到對的時間，再去遇對的人。

昨天看到社群動態裡有人洗版，說公司裡的「九〇後」在午休時間播放《大悲咒》，身邊的佛系男女越來越多了。總而言之，在最好的年代裡虛度光陰，還說自己看淡人世洗盡鉛華。

把佛祖無欲無求的概念偷換到那些情感家庭糟糕、逃避當下生活、不想努力的人身上，不就是厭世文化的一種表現嗎？說一堆看似很有愛的名詞，其實完全沒有愛，只有厭世。

厭世文化指一些人在現實生活中失去目標和希望，陷入頹廢和絕望的泥沼而難以自拔地活著，他們喪失心智漫無目的，沒有情感，沒有意識，沒有約束，行屍走肉一樣麻木地生存下去。

日本劇情片《青春，半生不熟：不求上進的玉子》，虛無和虛度被更為生動地演繹出來。女主角玉子大學畢業後返回故鄉，不著急找工作，成天宅在家裡，吃了睡睡了吃，百無聊賴懶散度日，任憑春夏秋冬四季流轉，就這樣日復一日什麼正事都不做地宅著和懶著。

玉子代表了一群人：無名小卒，人生無可奈何，命運無所適從，改變無濟於事，挫敗無處不在，狀態無精打采，情緒無所顧忌，陰暗無孔不入。這樣的玉子卻在網路上獲得了諸多粉絲，因為有些人喜歡拍一部電影就為了說：「人生這玩意不用努力也可以。」

前幾天和幾位女性朋友去吃飯，路過一家名為「厭世茶」的手搖茶飲，該店主打一事無成奶綠、碌碌無為紅茶、依舊單身綠茶、沒錢買房奶昔、前女友越來越漂亮奶茶，每週一還有限定的「新的一週新的崩潰奶茶」。

朋友說：「即使這家的奶茶做得再好喝，看到杯子上的字也不會買，那麼喪氣的東西捧在手裡也是不吉利。」但依舊有很多人捧場，厭世茶之所以能紅，是因為厭世文化已經成為一種顯性的文化潮流，越來越多的人習慣用「厭世」來描述自己。但這不僅僅是自嘲，有些人是真正厭世了下去，越來越無力自拔。

我的文章出現過的「下等生活」，並非字面意義上的下等，而是指一種不求上進的心態，一個人的人際溝通能力、生活能力、工作熱情、學習意願、消費欲望也全都比一般人更為低下，就是情感溫度和生活勇氣早早喪失。這樣的男女很難自我覺醒，並且真正邁出面向上等生活的第一步。

這樣的人往往都是一種執念，無非是「自己喜歡就好」、「平平淡淡才是真」，在生活條件和經濟能力都無法自圓其說時，也可以用所謂信仰的力量去逃避殘酷的現實真相。

而我們的佛說：「真正的出世是入世的，安身於此世的生活，能夠擔負並接納塵世間的責任，亦能夠以一顆慈悲柔軟的心去分享一個凡夫俗子的歡愉與悲苦。」

出世表示一個人不再關心生活中大家都追求的名利和財富，更多是追求精神上的豐盈。入世則表示一個人要在現實生活中實現自己的價值和承擔必要的責任。

我的一位女性朋友很多年前也皈依佛教，但人家一直在麗江開的火鍋店人氣鼎盛，在重慶開的雲南菜餐廳創意和味道都絕佳，現在又張羅了米線店，從設計到裝修到研究菜單無不親力親為，匠心努力和執著堅持才是成功者的品德，開張當然還是生意興隆。

生活裡最好的狀態是，我們有完全出世的心，但是我們做著入世的事。那些連自己都養活不了、逃避工作和責任、人生最需要奮鬥的時刻卻用無欲無求去偷懶耍滑的人，根本修不出風水與福報。

人生不需要努力當然也可以，那你收穫的就只有貧窮與衰老。

發這篇文章的時候我剛剛走出電影院，看完電影《芳華》，打開電腦再寫上一句感言。上一代人因為那個壓抑扭曲人性的年代耽誤了無限芳華，我們和我們的下一代正逢好時代，卻年紀輕輕就開始辜負和糟蹋芳華。

有一種改變叫：想遇見前任

L先生體育大學畢業後做了不同的工作，因為終止原本很有規律的大運動量訓練，很快就胖了十公斤。那時候的女朋友在一家知名服裝品牌工作，而且做的就是男裝，他發現L先生越來越穿不出品牌的風格了。

L先生並沒有在意這些，公司伙食又極好，兩年後他整整胖了二十五公斤。他說：「站在那裡時，連自己的小弟弟都看不到了。」

女友和他戀愛五年，有時候兩個人要回父母家，或是和朋友去聚會的時候，女友總是從公司買了新衣讓L先生換。但他身高是穿一百七十五公分，體重卻得九十五公斤，可想而知衣服穿在他身上，根本就談不上好看了。

那時候，L先生的女友常說的一句話就是：「我看模特兒穿得很帥啊，怎麼同款的衣服一到你身上就完全不是那麼回事了？」

時間一長，L先生開始不樂意聽了，甚至到了一見女友大包小包拿衣服回來，他就頭大。然後，就有了拒絕和爭吵，再然後，L先生更加放縱地吃喝，女友的話全當了耳邊風。

忽然有一天，他發覺女友已經很久不幫他買衣服了。兩個人終於不再為了穿衣服和換衣服吵架，而且話題也沒有了「減肥」一說。漸漸變成了各穿各的，各吃各的，也各玩各的，L先生卻當成了互不干涉也挺自由。

又過了一年，女友跟L先生說：「有個高中同學出國回來了，當年就追求我，現在還想和我在一起。」

L先生幾乎毫不猶豫就放了手，讓女友成了前女友。即使後來前女友後悔再來找他的時候，他也決絕地沒有回頭。後來L先生說：「他是我愛過的第一個女人，後來又找了幾個也沒有多少愛的感覺了。」

分手後的三年裡，L先生還是肥胖依舊，以至於有位女朋友一說起健身的事情，他就不耐煩地頂了回去：「我是學體育出身，對運動健身都做夠了，以後別再跟我說這件事。」

結果，這位女友當然又成了前女友。除了肥胖到修不了邊幅，L先生還是很不錯的，為人坦誠，工作努力，也算事業有成，比起那些當了體育老師或是教練的同學來說，他的發展和收入都高出許多。

三十歲那年L先生因為頭疼去醫院，結果被確診為高血壓，離不開每天一粒降血壓藥了。醫生說：「雖然你家有高血壓遺傳因素，也不該這麼年輕就發病，活到八十歲豈不是要吃一卡車藥？還是減減肥吧，不然年輕的高血壓患者容易引發心肌梗塞，年齡大的是腦中風。」

面對父母居住的社區裡那些需要借助工具才能勉強行走的腦中風後遺症老人家，L先生還是有些害怕了。他的減肥工作，也終於安排進了日程表。

他是有底子的運動員出身，L先生用了一年的時間便成功減重了二十公斤，體型恢復到了能看得下去的地步。

某天他扔掉了之前所有的衣服，從專櫃抱回所有自己該穿的尺碼。站在穿衣鏡前，L先生忽然發現，減肥原來就是一次全身整形，除了換得帥氣年輕的顏值，連心都萌發了春意。

又過了一年，L先生認識了現在的老婆。當時女友不光是個自律佳人，而且對身邊人和家庭生活都有著很高的要求，他像是L先生平凡日子裡吹進的一縷清新的風，讓他唯恐抓不住就又錯過了春天。

再次進入戀愛狀態的L先生，又透過節食和運動減重了十公斤，回歸到穿上衣服瘦成一道閃電、脫下衣服還有肌肉的健美身材。

女友說：「這才算是沒浪費了你自己。」

女友家人有些是醫生，跟L先生說：「只要你堅持跑步和游泳之類的有氧運動，持續做兩年以上，以你的年齡和身體素質，很有可能做到不需要吃降血壓藥，血壓也能正常。」

L先生運動得更勤快了，體脂狀態甚至比大學的時候還要好，關鍵是他夠瘦還夠有肌肉，六塊腹肌和人魚線也很是性感。老婆說：「你就得這樣，不然血壓高身體差，拿什麼來完成你要陪我一輩子的承諾？」

L先生每天早晨上班之前，都穿上老婆熨燙過的衣服站在鏡子前左照右照，他覺得自己還是錯過了很多好的生活，之前一直不知道什麼才是真正的好，於是把自己放縱成了一個醜陋的胖子。

老婆之前也說過，如果不是相識的那一天L先生已經減重了二十公斤，他是不會對一個死胖子多看第二眼的。

現在的L先生偶爾感嘆：「我現在的樣子，就是初戀女友當年想要我變成的模樣，真想哪天能在街上遇見他，讓他知道，我改了。」

這世間有一種改變叫：我想遇見前任。這是一種從外在到內在、從身材到靈魂的徹底蛻變，也才能稱其為成長，不然就都是辜負。

要讓彼此知道，自從那年分手後，我們都在對方看不見的地方完成成長和熠熠生輝，從沒有辜負過愛情和年華。

昨天有位女孩留言：「相親的男生說我很好，但如果我能減肥十公斤他就會更喜歡我。我覺得他挺虛偽的，一邊說不在乎我胖，一邊又讓我減肥，還說是為了我身體好。前男友也說過同樣的話，可見壞男人很多。我只有二十六歲，胖點身體也很好啊。我拒絕了他，我跟他說我雖然胖，但也有選擇幸福的權利。我這樣做對嗎？」

我回覆：「你完全有捍衛你肥胖的權利，但別人也沒有必須愛你的義務。讓我驚訝的是，你竟然在愛情和肥肉之間選擇了後者，而且還選了兩次。」

我贊同相愛應該包容對方的缺點，但無法理解打著真愛的幌子讓對方忍受自己缺點的人。何況，長在身上的肥肉不是什麼缺點，而是生活上種種惡習的綜合表現。

「我們總是在最好的時光遇到錯的人」，誤導過多少不願自省的心？一味推卸責任逃避問題根源，是不成熟的矯情。我倒是覺得「因為遇到了你我才有了最好的時光」，說得有生活的氣息，那才是愛情和婚姻的正常狀態。

比起讀書、上學、工作、跳槽、買房子等等，種種內在和境遇上的改變，我倒覺得來自外在的改變來得最快也最有效。胖的運動減肥，瘦的健身塑形，穿著時尚，化妝打扮，整體顏值上的改變往往就能為我們帶來好心情，從而又有了好運氣。

如果你沒瘦過，就沒有什麼真正的詩和遠方，只有眼前的苟且。如果你沒美過，就沒有什麼真正的愛與幸福，只有一堆雜事的瑣碎日子。

記得有位作家也說過：「對於不會說話的人，衣服也是一種語言，是隨身帶著的袖珍戲劇。」

我多年前也是因為前任嫁到北京，分手後獨自挺過很多困境與孤寂，只是我從來不跟前任再有任何交集。彼此愛過的前任都是曾經的溫暖，失去不是結束而是新的開始，藕斷絲連的舊愛，永遠不如重遇的新歡。

在我和前任分手後的多年裡，從來沒有遇見過他，而且我早已經刪除了所有的聯絡方式，甚至包括相同的朋友名單。我記得一位作家說過：「如果分手後還同在一個城市也沒有遇見過，緣分就真是斷了。」

我果然沒有遺憾，可以繼續自己的無愛不歡。我也從來沒有記恨過前任，所以得以豁達坦然，也能以一種「想遇見前男友」的改變與姿態，去溫暖相伴眼前人。

十幾年前我說過要用整個生命去開花，十幾年後我堅持了一直花開向陽光。於是，偶爾我也想遇見前任，然後問他一句：「大叔，你還好嗎？」

你在跟我開玩笑？

咪咪接了一項監理工程，經常會有些應酬。這一行很少有女性工程師，咪咪雖然已結婚生子，但忙碌的工作和健身愛好，讓咪咪看起來還像個剛畢業的大學生。他是工程的負責人，有些飯局自然推不掉。

上次吃飯，男性客戶趁著酒醉在桌子下面摸咪咪大腿，被他巧妙地換了個座位擋開。但這位客戶不肯善罷甘休，經常當著眾人或是下屬的面跟咪咪開玩笑，說白了其實就是黃色笑話，咪咪除了覺得噁心，一點也笑不出來。但礙於與對方的合作關係，咪咪也就忍了。

又一次飯局上客戶說咪咪氣色不好，咪咪連續工作有些疲憊，結果男人說：「你這就是缺愛，猜測是你家男人滿足不了你，我們做工程的一般都性欲強。」一桌子十個人，只有咪咪一個女人，他當場翻了臉。

藉著酒勁，男性客戶又嬉皮笑臉地說：「你急什麼啊，一點幽默感都沒有！我這不是跟你開個玩笑嘛，都是結了婚的人，你又不是小女生……」咪咪把杯中的紅酒潑在了他臉上。

事情雖然由經理出面解決了，但咪咪碰到這樣的「玩笑」也不是一回兩回。男人說笑著勾，女人要是也笑著往上搭，也就成了一種彼此都心知肚明的交易，一旦被拒絕就用開玩笑來遮掩，不過是假幽默真流氓罷了。

職場和社交場合，有些男人不開黃腔就不會說話，特別是當著女性面，說是開玩笑，其實就是在調戲。在這樣的一些所謂應酬裡，充斥著男權社會的優越感和性暗示，聽都是一種侮辱。

A女生和B女生是朋友，原本並不是那麼要好，但自從A女生有了男友C先生後，B女生忽然就和A女生熱絡起來了。

兩個女孩曾是高中同學，現在又在同一家公司工作。而且C先生當年和他們倆同屆不同班，大家都認識。C先生家境很好，如今從國外回來進了金融機構，年薪過百萬元人民幣，自然也是搶手貨。但他唯獨心心念念著A女生，學成歸來第一件事就是向他表白。

A女生不光貌美如花，人家也是中國國內知名大學畢業，不缺內在的才華。當然B女生也有他的強項，就是特別會講話，嘴上功夫一流，雖然上的是技術學院，但在公司也混得不錯。

最近B女生經常找藉口和A女生在一起，連加班都陪著，男友C先生來接女友的時候，他自然也跟著一起吃喝，還得C先生送他回家。原本是朋友又是同事，A女生並沒有太介意，可B的嘴實在太多話了，而且什麼都說。

有一次B女生居然當著C先生的面說A女生在高中時被幾個男同學劫持非禮過，就是因為太漂亮了。其實沒有那麼一回事，A女生反駁，B女生又說：「嗨，我不就是跟你開個玩笑嘛，為了誇你漂亮討人喜歡。」

再後來這種所謂的玩笑就越來越多了，甚至包括A女生的上司也被他迷倒在石榴裙下，客戶曾經為了A女生離婚等等，反正都是A女生自己不知道的事，B女生說得有聲有色，讓A女生尷尬的時候，他一概以開玩笑收尾。

直到有一天，C先生告訴A女生：「你別再跟他有工作以外的來往了，他開你的所謂玩笑都單獨開到我的微信裡了。」

A女生看到B女生居然私下發語音訊息給男友說自己壞話，但男友回覆：「我的女孩，我為什麼不信他？」

B女生又回覆：「我就是開個玩笑，你別當真，也千萬別告訴他呀。」然後，男友就封鎖了B女生，A女生看完後也默默封鎖了他。

有多少人是在藉著「開玩笑」發洩自己的嫉妒和不滿，掩飾自己的謊言和自私，甚至是暗藏的無數惡毒和戾氣。

小W畢業不久剛投入職場，又進入一個欣欣向榮的新行業，畢業季看多了成功學，讓他總是熱血滿滿，感覺整個世界都會為自己的夢想和努力敞開懷抱。

工作機會讓他結識了一位業界名人前輩，有事沒事都跟人家發個微信說點無關緊要的事情，但對方經常不回覆。小W不滿：「有什麼可驕傲的，如果給我時間和機會，說不定我會做得比他好。」

一次飯局，小W坐在前輩身邊，他終於有機會說上話的時候，就跟人家開了個他認為很好笑的玩笑。話沒說完他自己先大笑起來，但對方的臉色卻越來越嚴肅，更別提笑容了。

上司悄悄向小W使眼色，他才發現大家都沒笑，尷尬之餘他自嘲：「哦，我就是開個玩笑。」

前輩慢悠悠地回過臉說：「跟我開玩笑，我跟你很熟嗎？」

小W感覺自己受到了鄙視和傷害，跟上司抱怨他都做到業界前輩了還那麼沒心胸。上司回答：「你跟人家不熟，本來也開不著玩笑，人家這樣說算客氣了。更直白點說應該是你和人家級別相差太遠，輪不到你開人家的玩笑，亂開玩笑就是你不懂事和沒禮貌。」

開玩笑當然也和個人素養和教養有關，開低級玩笑的人素養堪憂，亂開玩笑的人口無遮攔一般都不牢靠，而那種藉著玩笑發洩個人不滿的才是小心眼和惡毒。

小W覺得自己受傷了，還把這種傷害歸咎於別人擺架子和不理解。其實此類事情我們大多經歷過，人家不願多說是因為不想浪費自己的時間在一些無關緊要的人事上，這本身並沒有錯。但因為性格不同，或是對方玻璃心，這種原本正常的社會等級和價值觀，就被說成了傲慢、不理解、故意，甚至是傷害。

就不顧場合和身分亂開玩笑這件事來說，首先是說的人自己心裡沒數，然後才是聽的人願不願意搭理的問題。與人相處和人際關係中，最忌諱的一種就是沒有距離和分寸，不熟的人根本不應該開玩笑，熟悉的人也不能亂開玩笑。

中國人普遍缺乏幽默感，因為受教育程度偏低或是生活狀態堪憂，這些都會影響智商和EQ的發展。而幽默本身是一種機智，也是個人性格和人際關係成熟的表現，能為我們帶來輕鬆的笑聲和歡樂，消滅矛盾和衝突。

可見幽默感其實是高智商人群以高見低的一種親切感，不是什麼人都具備或是有資格做到的。我們身邊那些一點都不好笑的玩笑，大多都是以低攀高的套路罷了，就應該拒絕和不屑，根本論不著什麼心胸。

壞消息是：你無法讓很多人喜歡、愛、理解、認同、接受，或是善待。你也無法控制和改變任何人。

好消息是：這也無所謂。

你唯有成長才能獲得更多。

那些看起來生活得很輕鬆的人

週末和家人去附近的茶樓喝早茶，這裡除了供應各式傳統廣式茶點，正餐時間還有火鍋，花膠雞的湯味很棒。這裡位於城市商業中心區域，週六、日過來的人群明顯閒適了許多，看起來大多是家人和朋友。

我們桌對面是一對情侶，男的穿白色 Polo 衫搭九分休閒褲，女的穿了一件粉色連身裙。兩人除了要了點心，還點了一鍋花膠雞，慢慢喝著湯。沒有什麼事是一頓吃的解決不了的，投不投緣？觀念相不相同？吃一頓飯就都能看出來了。

男人的帥裡帶著一絲陽光的氣息，女人則擁有一副窈窕的身材，看著他們吃飯和低頭說笑的樣子，就知道生活狀態也不會差。即使只是偶遇這樣的情侶，也能感覺到一種甜蜜與安然，就像清晨的一縷微風。

手機上收到了女性朋友發過來的訊息，他正在北京海淀區的一家咖啡館裡，因為看到書架上擺著我寫的一本書，所以拍了照片發過來跟我分享。然後，我們互道一聲「週末愉快」。我不知道他的先生和女兒在不在身邊，但這個週末透過圖片就能看出他的快樂。

另一位女性朋友發來了北京植物園的影片，那裡的滿池睡蓮花開。他喜歡賞花和旅行，各個公園、各個城市各種花的花期他都瞭若指掌。他一個人在北京生活了好多年，居室有茶香，心裡有遠方，眼前的每一個當下都在背後默默用力生活。

而此時我們的桌上，一壺普洱，幾籠點心，說著上一週裡沒空說的話，聊著下一週裡將要面對的瑣碎。但因為有了這樣的週末時光，之前的忙碌都會盡數釋然，下週一我們還是會各自奔赴各自的戰場。

只有面對工作和生存的時候，男人和女人才應該像個戰神，而在家人面前我們都是溫柔的。

你以為這些人都活得很輕鬆嗎？或許剛回家又要準備出差，或許出了餐廳還得去加個班，或許眼前困局下週還將持續，又或許什麼都做不了只能等待命運的安排。但

那些表面看起來活得很輕鬆很漂亮的人，心裡都曾經碎得很徹底，背後也都更用力。**所有行動後沉默的驕傲和不能說出口的深情，都藏在我們好看的姿態裡**。

性格寫在臉上，人品刻在眼裡，生活方式顯現在身材上，情緒起伏表露於聲音，家教看坐姿站姿，審美看衣服，品味看鞋子，投不投緣，吃一頓飯就知道了。

我們交朋友的標準是出世的智者和入世的強者，至少也應該是正常而陽光的普通人。就算不快樂也不要苦著臉，就算壓力大也不要去抱怨，因為你永遠不知道誰會愛上你的笑容，誰會流連你的純真。

我不是那種女人喜歡什麼就給你什麼的作者，而是要一遍遍告訴你，身為現代女人我們應該去喜歡什麼東西，談什麼戀愛，經營什麼婚姻，過什麼樣的生活。

亦舒二十年前說：「做人最要緊姿態好看。」長期依附別人生存的女性開始找回自己的苦旅，由於年齡、心態和生活的固化，導致覺醒和獨立宛如一個不可能完成的任務。

但魯迅一百年前說：「不是墮落，就是回來。」

抱歉，我冒犯了你將就的人生

青梅孩子還小的時候，因為發現丈夫不忠離了婚，那一年他遠赴麗江旅行，一眼就愛上了那裡。回家後辭了工作，賣了那套舊家當，帶上所有積蓄在麗江的小街深處開了一家私房菜館。

青梅和前夫是大學同學，他漂亮又能幹，夫妻倆一起打拚事業並且結婚生子，他還燒得一手好飯菜，喜歡打理家居。在很多人的腦子裡，這樣的女子不應該離婚，既然真是出得廳堂又進得廚房，男人怎麼會不愛？

要麼就是相勸孩子還小，現在男人都這樣，為了孩子也應該給男人一個機會改錯，離婚也是不負責。但青梅說：「沒有忠誠，談愛都是胡扯，他對我和別的女人都沒有愛。」

出軌這種事不是錯，是賤，錯好改，賤難移。

即使沒有出軌這種事情，男人和女人也會在朝夕相處的婚姻生活中，因為一些不能妥協或是改變的小事慢慢磨損消耗了愛情，產生慵懶厭倦，甚至移情別戀。

所謂的親情不過是一個藉口，沒有血緣關係的男女即使不離婚也可能在同一個屋簷下形同陌路，然後各自肆無忌憚地尋找出口，還會大難臨頭各自飛，因為終究不是什麼血脈親人。

只有愛一個男人的勇敢和偏執，很多女子為了愛情不聽父母，不看門第，不管男人有沒有家室，甚至為了結婚生子垃圾桶裡撿來的渣男都可以將就。卻從來沒有不愛一個男人的自信和骨氣，甚至被傷害無數年也為了所謂的責任忍辱負重。

或許你們曾經都是一個好人，也深深愛過，但不是每個人都會成長，有的人還會變成連自己都曾經討厭的模樣。而已經變得更好的我們，為什麼要讓背叛折磨自己，不忠玷汙自己，一個渣男的愛情有什麼好得意的？還是去找更好的男人來彼此成全有品質的情感生活吧。

生活向來公平，你只要不放棄自己，命運的安排就總會有驚喜。青梅的私房菜館生意出奇得好，他帶著孩子照顧著父母，閒暇的時間飛來飛去，到處走走看看。他也斷斷續續談過兩場不鹹不淡的戀愛，但都沒有再走進婚姻的感覺。

青梅是那種可以過好單身生活的女子，經濟的獨立和內心的豐盈，好多年後又造就了青梅一張更漂亮的少女姿態。

瀘沽湖畔，洱海邊，雪山下，他十年如一日，像愛男人一樣地愛自己，四十歲的青梅帶上了些許的仙氣，不食人間煙火，一如初見。

他又在家鄉的大城市裡擁有了兩家餐廳，是個道地的千萬富翁，他其實又最懂人間煙火。

每每過去看他，我都喜歡泡在他的店裡，愛極了那裡的每一道菜，味美料足且獨具匠心。再後來他結婚了，那個北京男人默默追了他幾年，終是抱得美人歸。現在四十多歲的青梅又決定轉戰北京開闢新事業，為了自己，也為了自己和丈夫的愛情。

他穿街走巷考察市場和尋找店鋪，青梅的生意格局和職業自信是十幾年歷練下來的，就算是我這個完全外行的人，都相信他一定能再次獲得想要的新生活。而這樣一個女子，也不可能不好運。

在很多人眼裡，一個在餐廳行業混跡多年的單身女子，生意做得好的也必是圓滑社會人。但青梅卻單純得像個剛入世的少女，對夢想執著堅定，對愛情乾脆純粹，對婚姻務實深情。

他是個成功的商人，卻不染世俗濁氣，有專業團隊為自己打理生意，朋友圈子乾淨且簡單，遠離負能量，積聚正氣動力。

他也是個佛教徒，沒有任何不良嗜好，甚至不喜聚會熱鬧，只和值得來往的人肝膽相照，不和麻煩的人事牽扯分毫。他做得一手好菜，卻以吃素為主，喝清水聽梵音，潛心自律，工作賺錢，照顧家人，惜緣惜福。

青梅活成的樣子也冒犯了很多人將就的人生，甚至有些人見到他都自覺躲遠，不是不願意親近，而是根本親近不起。但我知道，青梅的世界裡從來不缺真正幫得上忙的朋友，更不缺視他若珍寶的男人，可以彼此提攜又彼此成就。

一個活得有身價的女子，自然會遠離麻煩和是非，而且好壞都能平靜接受，不大喜大悲，最終得到愛的皈依。

生活裡我也常遇到只「關心」我情感生活的人，我沒有好為人師，人家倒是要

「教育」我，離婚是沒有責任心太自私了。我偶爾也會頂嘴回去：「我這樣的自私有什麼不好嗎？我又沒傷害過別人。」

我不愛一個男人離開他就是傷害了？那我們明明不愛還將就婚姻，然後各自在外面用紅顏和藍顏知己給對方戴綠帽子就不叫傷害？這才是惡毒的自私。我們都不可能一生只愛一個人，而成長的意義，就是讓我們不斷修復和提升自己，以便更好地去愛與被愛。

我從來不屑在一個自己不愛，或者不再愛的男人那裡浪費時間。生活和書本告訴我，一生很長可以邊走邊愛，唯獨不要原地踏步窮吵窮鬧，一起變成爛人做爛事，麻煩惹麻煩。

中國式婚姻觀的狹隘讓很多女人都在妄自菲薄，甚至也認為離婚一定是因為出軌之類的爛事。沒有幾個女子能真正了解，我們也會在因為歷經一些失望後不愛那個男人而揮手道別，沒有抱怨也沒有遺憾，不說再見就是永不再見。

好生活終究還是要靠女人自己去拚，靠男人即使擁有了一部分，也將會失去大部分，看來看去都不值得。

《三生三世十里桃花》的上世中，白淺是凡人素素，被一干人等百般欺辱，連愛他的天族太子也不能護他周全。這一世裡，白淺是帝君上神，被一干人等頂禮膜拜，天族太子再見他的時候這樣說：「夜華不識，姑娘竟是青丘白淺上神。」

才華和驕傲，不是讓你不去愛，而是要為你贏得選擇更好的愛的資格。

如果連女人都不相信生活裡也會有如青梅那樣的女子，活得決然獨立又幸福美好，那是女人們的悲哀。

所謂糟糕的日子不是現在過得有多辛苦多挫折，而是從現在的你身上就能看出十年後的你還是這副樣子。好像一部看了開頭便能猜出結局的電影，一成不變的無趣和無能才是生活最大的挫折。

我之所以愛上身邊的這個男人，就是因為他兩年後會是什麼狀態我都無法預估，只是看著他每一天都很努力，每一天都很愛我，這就是眼前最好的愛情了。

至於以後命運會怎麼樣真是說不定的，但我們能做的就是把握並且過好當下。單純是一個女人最大的優點，閱盡千山過盡千帆後，我還可以與你坦誠相待。

每日洗頭洗澡敷面護理肉身，要去上班不菸不酒不熬夜，多睡覺多運動多喝水多享受異性陪伴，不吃太多穿太多常帶三分飢與寒。

每一天都拿點能堅持的事情加持一下自己的喜歡，確認自己還在認真活著，並且提醒自己今天和昨天是不一樣的。

有時候大多數人的選擇並不是最容易的一條路，而少部分人的堅持才是一種新生活，或許也很適合你……

你用努力去代替性生活，還不如去跑步

愛麗絲是個坐車都要忙著發微信和打電話的女孩，有一次我們喝完下午茶送他回家，愛麗絲一上車就是各種微信語音訊息外加電話，都是在約第二天的週末見面。正是晚間交通尖峰，在車上近兩個小時他都在相約，我特別好奇他居然有那麼多客戶和朋友，愛麗絲回答：「出來混的就得有人脈有社交啊，我的朋友名單有一千多人。」

可各種微信和電話之後，能敲定的約會卻都是「明天再聯絡」、「改天請你吃飯」或是「到時候再給我電話」之類的託詞。但愛麗絲鍥而不捨，他說：「活得忙一點，我就能貴一點。」

我問：「貴在哪兒？」

他回答：「我比別人擁有更多的資源，也就有更多機會。」

據說，如今因為「我很忙」已經被很多裝忙的人用爛了，現在流行用「我很貴」來彰顯努力且成功的人生。

三十多歲的愛麗絲已經多年沒有談過戀愛了，用他的話說：「遇不到喜歡的男人，就不如忙碌一點，每天三更半夜走進房門倒頭就睡，想都沒有力氣去想這種事情了。」他終於在我們把他送回家之前約到客戶，九點多了還要再去某咖啡館談工作。

我特別能理解一個女孩的努力，特別是單身在大城市靠自己打拚的女孩。只是，如果真是如愛麗絲所認為的大公司高層，會在週五的深夜約客戶談特別可靠的合作嗎？愛麗絲終究是沒真正去大公司工作過，也欠缺了些許能有更好發展的職業素養。

我們把愛麗絲送到了咖啡館，下車的時候我說：「你有這樣忙的時間，還不如考慮空出不上班也不用加班的週末去做運動，用真正能讓自己身心愉快的事情代替性生活，沒愛情沒男人也能活得很滋潤。」

愛麗絲有些感慨，疲憊的臉上有了一閃即過的光彩：「我也很想讓自己身輕體健，可太忙了根本沒時間，沒有好多好多的愛，我就要去想辦法賺好多好多的錢。」

亦舒的這句話「沒有很多很多的愛，就要有很多很多的錢」也是被很多女人誤讀了，他本人擁有了很多很多錢，也不缺很多很多的愛。很多人都忽略了一個更為殘酷的生活真相，長時間沒有很多很多愛的女子，更難有機會去賺到很多很多的錢。因為長期沒錢也沒性生活會寫在臉上，也會反映在身材上，你的焦慮會毀掉你的堅持，你的脆弱會毀掉你的能力，你的抱怨會毀掉你的勇氣。

愛麗絲根本就不愛自己，又去哪裡找男人願意給他很多很多的愛？我不是說只有性生活才是女人必需，但一個成年女子，有正常的情感出口至少有利於我們身心愉快，並且更有動力去努力賺錢。

即使你活得很貴了，過上了上等女人的生活又如何？黛安娜王妃擁有無比尊貴的皇室「殿下」頭銜，卻因為長年失愛去跟自己的馬術教練偷情，又被情人出賣隱私。

你既然那麼努力就不應該把時間浪費在無效社交上。什麼是無效社交？你跟他聊天總是聊死，你跟他吃飯總是你買單，你跟他合作總是停留在嘴上，你跟他見面總是放低身段。你從這樣的人脈裡得不到幫助，你從這樣的社交上等不到價值，你從這樣的約會裡得不到真情，你努力的方向錯了就賺不到很多的錢。

沒有愛情沒有性生活原本也沒什麼關係，誰都會有情感空窗期，如果你想把這樣的時間完全投入工作也沒有問題，但不要讓自己的生活、身材和顏值也因為忙變得一塌糊塗。你用忙代替性生活，還不如去做運動，去讀書，去和事業成功又生活幸福的人交朋友，你會發現暫時沒有男人沒有性生活不可怕，可怕的是長此下去，你會把沒錢也沒性生活寫在臉上，又表現在身材上。你自己想不想啪啪啪，和有沒有人願意跟你啪啪啪，是兩回事。

我在咖啡館裡寫這篇文章的時候，旁邊坐著的一位女孩正拿著電話對朋友說：「行了，別找藉口了，每次遲到爽約都是因為老公和孩子，好像我沒結婚沒當媽似的，偶爾出門喝個咖啡都沒有時間，那女人結婚生孩子有什麼意思？」

是的，我其實也很忙，現在看著可以在咖啡館裡工作做自己和賺錢，但馬上就得起身去菜市場買菜，再大包小包拎回家，做飯煮湯做老婆和老媽。面對生存我必須時時努力，面對生活我也能時時有空。我原本是不喜歡跑步的，平時運動的方式是打球，但最近身邊人在跑步，而且收效很好我也就動了心。跑步不光可以塑身防止肌肉鬆弛，還可以因為加速了血液循環讓女人的氣色和心情更好。

有人會找藉口：「跑步傷膝蓋。」可你養了二十年、三十年、四十年的膝蓋用過嗎？現在用一下也沒關係吧，先從三公里五公里跑起，每週至少休息兩天，你不會受傷只會受益。有人又會說：「運動需要花錢。」**我們身邊有多少人辦了健身會員卡卻一次都沒用過？真想運動的去樓下、去公園就可以，並不一定非要去健身房。**

專業運動用品可以保護我們，但即使是我這種樣樣都喜歡專業一點的人，在跑步初期也是有什麼就穿什麼，真是能堅持下來才會去買「亞瑟士」。不然，買了頂級的跑步鞋卻跑了幾天就閒置才是浪費錢。

或許有人還說：「我還可以穿著出去玩啊。」所謂的專業精神就是做什麼就什麼專業，你穿著跑鞋不跑步，在專業人士眼裡就是一種Low，要麼是最低端炫富。我們總是想遇到更好一點的人，那這些細節方面的講究，就是讓自己先變得更好一點的開始啊，不然遇到了也是一場有緣無分。

你善於發現生活中那些平凡的奇蹟，懂得奇蹟只是努力的另外一個名字。人生苦短，歲月太長，別浪費，別發胖，別變醜。要鮮衣，要美顏，要怒馬。遊走天涯，豁達自由，活成美好世界的一部分。當下社會，那種過得很忙卻也能很悠閒的人，才是最貴的。

缺錢，也會嚴重影響你的智商

林凌結婚前上過兩年班，在超市當收銀員，結婚後很快就生了孩子。從此十年如一日，家裡的兩房兩廳、一個老公和兩個孩子就成了他的全部，再也沒工作過。

如果養尊處優也就罷了，但老公只是個國營企業員工，收入在當地或許不算少，支撐一家四口衣食無憂原本沒問題。可老婆多少都有點虛榮和愛比較，自己父母也需要接濟，這就讓家庭和婚姻無法安全穩定了。

去年林凌發現老公出軌了，和一個年輕的下屬，平時不願意交給家裡的私房錢都花在了別的女人身上。吵也吵了，鬧也鬧了，林凌面對帳戶上不多的存款和兩個孩子，是不可能馬上離婚的，因為連他自己都要靠老公每個月五千元人民幣過生活。

林凌肯定是不甘心，於是又去找小三吵鬧，結果公司都知道了他老公的風流韻事，小三被調職，老公原本可以升上去的職位也泡湯了。那天男人回家把能砸的東西都砸了，林凌叫嚷著要離婚。

男人說：「我每個月的薪水都交給你，一年六萬元人民幣，十年六十萬元人民幣，可現在家裡只有五萬元人民幣的存款，我問你錢都去哪裡了？離婚可以，你得分我一半三十萬元人民幣。」

林凌聽得晴天霹靂，原來他根本不了解眼前的這個男人。婆家也很快攪和了進來，婆婆藉口各種用途，甚至還要「借」走去年新買的電視機。林凌生氣之餘越發感到恐懼，他終於開始想賺錢獨立了，不敢再提離婚。

可是在賺錢這件事上，林凌的想法也相當與眾不同，他首先想到的不是去上班，而是要找坐在家裡就能賺大錢的事業做。身邊人向他介紹了個收銀員，上了兩天班就嫌累，行政人員之類的工作，月薪五千元人民幣以下的他都不考慮，還絕對不做伺候人的事。

朋友說：「你十幾年前的專科生，又十年不上班了，一出江湖就想做大事，怎麼可能？」

結果林凌回答：「那我就創業！」

在研究了諸多手機訊息和網路資料後，林凌打算做網路商店，選了一家號稱可以塑形、藏肉、治婦科病的內衣，然後拿了家裡那點存款進了幾萬元人民幣的貨，從此開始了交友圈的電商之路。

先是發表各種神奇療效，然後是各種修圖修出來的購買紀錄，還有某某代理年收入五十萬元人民幣的熱血勵志，最後就是到處找認識的人買他的內衣。親戚幫一輪，同學再買一回，然後是熟人的朋友，朋友的同學，整天對著所有人發送自己的口號和產品求轉發。

一個與社會脫節多年的人，現在卻想去跟各種社會人套交情，這不是EQ的問題，而是智商都堪憂，怎麼可能創到什麼正經的業，賺到什麼大錢呢？上班，才是目前唯一可行且有效的辦法。

一年後林凌的積蓄因為進貨花光，貨卻堆滿了陽臺和廚房，再也賣不出去了。所謂的創業失敗，賺錢獨立成了泡影，林凌更不敢離婚，但老公已經陌路，經常不回家，除了幫孩子買東西和繳交幼兒園費用，男人什麼錢都不再交給林凌。

即使如此，林凌還是沒去找個朝九晚五的班上，嫌忙碌沒空接孩子，嫌錢少還要面對主管刁難，嫌別人都功利市儈和自己格格不入。最近他又迷上了各種中年養生班，據說這種班可以讓人身輕體健煩惱皆消。

三十五歲的他長期和社會脫節，心理年齡過了五十歲，而上一代人因為自身所帶著的那個年代的種種缺陷，不進修就註定要被社會淘汰。

長期缺錢智商也會下降，更容易相信看起來就很弱智的人和事，還以為自己找到了機會，其實開始就是一場不可靠。

麗梅出生鄉下家境貧困，還有兩個弟妹，但他努力考上了北京的一所大學，畢業後留在大城市工作。薪水除了要還助學貸款，還要寄回家幫家人生活，一個月下來所剩無幾。他一心想找個北京男人結婚，用快捷方式穩定下來。

麗梅頻繁去各類相親網站，每週都有幾場相親，目的倒是很明確，就是要找個有房有車的當地人，但換得的是更頻繁的失望。兩年下來工作沒什麼起色，自己還被騙過無數次，即使遇到過北京話說得標準的，也在上了幾次床後沒了消息，一提結婚跑得更快。

最近他又高調宣布自己戀愛了，還把男友帶到了朋友聚會上，看起來比麗梅年長很多的中年油膩男，但麗梅說他三十三歲，是個公務員。看了他上傳在社群動態曬恩愛的照片，忽然想起上週看的電影《後來的我們》。

片中女主角北漂到北京，自己沒讀過書，找不到正經班上，混跡底層人際，住著隔間的地下室，甚至還在地下人行道賣過A片。也一心要找個北京人嫁了，遠離寒冷的故鄉小鎮，早點過上在大城市裡的好生活。

前排座位上的觀眾還在抹眼淚，我和朋友卻無感，女主角十年如一日不可靠，又怎麼可能遇到可靠的男人拯救他於水火？他愛上的要麼是媽寶油膩男，要麼是已婚出軌男。

男主角算是女主角遇到的唯一一個可靠的男人了，但年輕的時候誰都有過茫然和頹廢期，女主角年輕的時候等不起也正常。但男人買了房子再回頭找他的時候，他還在說：「你不懂，我要的是什麼。」結果多年以後再向已經結婚生子的前任表白：「我曾經那麼愛你。」這就太做作，也太假了。

其實，大城市更容不下太做作和太假。**做作，有時候就是智商不高的一種任性胡**

為；假，更是低智商的一種原形畢露。

你早已經被別人一眼看穿，還誓死把爛戲演到底，有品的一笑了之和你再無交集，無品的不玩白不玩，你吃的全是啞巴虧。

這個社會不是騙子太多，而是缺智商的人更多，讓真騙子騙你不疲，讓正常人躲著你走說都懶得說你。也不是什麼前任太好，而是你一直太差。

我們多數人的智商出生時都在正常範圍之內，長大後卻會因為長期缺錢，或是嚴重缺愛影響智商的成熟發展。

智商又會限制了ＥＱ的養成，處理起諸如上學、工作、賺錢、戀愛婚姻、人際關係等等成年人必須獨立面對的事情時，出現嚴重的溝通障礙。個人想法奇特且偏執，別人說什麼都不聽，只站在自己角度上看問題，一旦不如意就罵別人不理解自己是騙子，整個世界都欠你的錢和好日子。

生活裡百分之八十的痛苦都來自上班，但如果你不去工作，就會有百分之百的痛苦來自沒錢。所以在工作和沒錢之間選擇上班，你的智商才算過關。在獨立和婚姻之間先選擇獨立，你的ＥＱ才算堅定。

與其總為缺錢煩惱和抱怨，不如邁開步子向「錢」。承認自己喜歡錢和上進的帥哥不丟人，守著無愛的婚姻，守著口口聲聲說「責任」卻在外面花天酒地的男人，守著這些「壞男人」不放手才丟人。

生活中那些優秀的女子都在說自己和說生活，卻唯獨不會去炫耀老公和孩子，以為自己是人生贏家。

工作，是我們的另一種生活，是每個普通人都必經的獲得社會價值和愛意溫暖的自由之路。如果你沒有這種上班中的生活體驗，也根本處理不好情愛生活裡的那些快意恩仇。

你說的那些話，我連標點符號都不信

三十歲的媛媛，結婚幾年了，有個孩子，父母已經退休，可以幫他帶孩子。他這幾年在社交平臺裡出名，是因為有錢，除了說自己兼職帶課能賺錢，好像還嫁了個土豪男人。

媛媛最喜歡張羅和參加各種聚會和飯局，據說每次到場都必穿必用名牌，對名車和名錶瞭若指掌，非卡地亞和勞力士不戴，張口閉口就是上個月剛從歐洲回來，暑期還想去斐濟度假，然後把週邊朋友想讓他代購的東西記個遍，很是熱心。

如今朋友們也喜歡建群組，方便聯絡相約，有什麼好東西好玩意也便於分享。當然也就成了媛媛這種人炫耀比較的主要場所，今天發個專櫃的手錶，明天發個選包的照片也就罷了，他還會把家長討好他的訊息截圖發到群組裡，表達自己除了有錢還有社會地位很受尊重。

群組裡還有很多女人，在一片羨慕稱讚聲中，小菲看著不平衡起來。原本家庭出身都差不多，可人家媛媛嫁了有錢人，他越發看不上自己身邊的那位，他的工作錢不多事很雜，長得帥結了婚也變得不那麼出眾了。自己做出納的薪水無法跟人比較，省錢買個名牌也不那麼捨得擠公車。

媛媛既然成了有錢人，往他身上靠的找他幫忙的也就多了。但也經常有朋友抱怨，找他出國代買一些東西不是說「斷貨」，就是說「不划算」，真是帶回了價格也常常和網購差不多。

再後來，找過他辦事的朋友傳出，媛媛只有戲精的天賦，全無辦事的能力。老公做的只是個一般的正經工作，所謂豪車是輛三手賓士，怪不得每次聚會，小倆口藉口喝酒從不開車過來。

小菲還是媛媛的忠實粉絲，於是經常得到一些他的小禮品，雖然都是專櫃贈品和小包裝樣品。某天小菲和老公見到媛媛夫妻檔在停車場和保全人員為了五元人民幣爭執，再回到車裡的時候媛媛對老公又打又罵，抱怨他幾個月都不賺一分錢，全然沒看見小菲他們在不遠處。

小學體育老師嫁個愛自己的男人，過豐衣足食的日子很有可能，但自己能賺錢過月入十萬元人民幣的日子，還嫁了土豪又繼續每天上超忙碌的班就沒什麼可能了。

我們身邊有不少這樣的戲精和高手，先不管自己是做什麼的，反正就是有錢有權有能力有關係。女人實在沒得吹噓的時候，還可以吹自己老公多厲害，又多愛自己。偶爾參加一場上流社會的會議和聚會，與各種CEO、COO、CMO合個影，就覺得有無限的可能，發在社群動態裡更是臉上有光。

開口是，我昨天剛跟某名人吃了個飯，閉口是，改天帶你參加某某的飯局。地鐵裡、咖啡館裡，走在路上打電話，聊的都是幾百萬元人民幣的預算、千萬元人民幣的投資、上億元人民幣的生意。只要出去走一趟，就能遇到各路神仙，好像就能做出通天大事。體育老師都可以非勞力士不戴，非賓士不開，被家長捧上天。

所以有些人就是很忙，總有忙不完的事、參加不完的會、談不完的合作和生意。大家聚在一起或吃吃喝喝，或吹吹牛皮，最後微信掃一掃再帶一句以後常聯繫，就又各自鑽進地鐵或騎著共享自行車回家了。

然後，恐怕一輩子都沒再說上一句和再見上一回，什麼生意、賺錢、找人、辦事、改天吃飯之類的承諾，都只是一個屁。

悠悠和男友是在某個投資群組裡認識的，當時他以有意合作為由，加了悠悠微信，但說的第一句話就是誇他頭貼好看。然後，話題會有意無意地往性方面引，第三天就開始叫他「老婆」。

男友很會營造自己是個有錢人的氛圍，聊天中，有意無意地提到自己正在「開車」，又說他某個投資賺了五十萬元人民幣，打算換一輛「Land Rover」。他曾發給悠悠一個據說是他本人的影片，影片中的男人看起來高高大大，不能算帥，但也不醜。

三十多歲的悠悠情感空窗幾年了，所以對他並沒有過多防備。再加上他言談間給人的感覺有錢又聰明，於是在他每天循序漸進的攻勢下，兩人漸漸發展成了異地網戀的關係。

認識幾個月裡他很多次提出去北京看悠悠，但沒一次真正來。每次不是說機票都訂了，突然生意來了走不開，就是老媽住院要陪護等等，反正他的承諾從來沒有兌現過。他挺擅長利用悠悠對他的在乎，只要他表現出一點懷疑，他就會以「不信任他」

為由生氣，每次都是悠悠投降。

接下來悠悠就開始損失金錢了，他前後五六次以合作投資為理由，讓悠悠匯了十幾萬元人民幣給他。同時也很謹慎，從未在悠悠面前暴露過自己個人資訊。直到悠悠為了挽回經濟損失，也為了給自己這份感情一個交代，託朋友定位到他的住址。

悠悠帶著父親和表弟出現在他面前時，他嚇得手都在發抖。和微信上包裝成的高富帥有天壤之別，現實中的他是個矮窮矬，在小城市與人合租，是汽車修理廠上班的工人。已經被識破，他還是沒有放棄向悠悠撒謊，宣稱明天就會去領豪車。

悠悠從他的手機中發現，他同時與二十名女性「談戀愛」，而且有大量下載的搭訕術（PUA）課程。原來自己的戀情被設計了，他只是他其中一個「戰利品」。

悠悠並非唯一的受害者，不斷有女人被情感操控、騙財騙色，甚至自殺的事件發生，二〇一七年至今，不良的把妹搭訕產業受到中國媒體報導而引發持續關注。

PUA是從美國傳入的，早期源於臨床心理學家艾里斯的觀點：「克服了內在思想，男人就能克服不自信，成功搭訕到女人。」現在透過 Pick-up 技巧來誘惑女性，滿足性征服目的的男性群體形成了龐大的社群，即PUA。

這些看起來的機會和愛情，背後卻有不少坑。有的是無效社交，有的是無止境消耗，有的是分分鐘都想逃離的尷尬，有的是步步為營的糊弄和騙局。

社會浮躁，全民焦慮，為了賺錢你會覺得到處都是機會，人人皆可勾搭，為了結婚你會覺得是個男人就會愛你，你才是美若天仙。但這背後隱藏著的巨坑，會導致自己覺得什麼都能夠做一點，自己什麼都能夠是個例外，這才是件非常可怕的事情。

一次次吹牛說謊，自己從裡到外卻沒一點可靠。找你幫忙才會聯絡你，平時連飯都捨不得請你吃一頓。在你身上花點錢，就恨不得把你賣給他。不用花錢什麼都答應，一談到錢就隱晦含糊。這樣的朋友，這樣的合作，這樣的愛情，請遠離。

有人說，要樂善好施。也有人說，自己會發光身邊就不會黑暗。其實都錯了，你自己發光，首先吸引來的是飛蛾臭蟲，你要懂得識別和篩選。

你自己會發光，再遇見另一束光，才能一起照亮更大的世界。和觀念相同的人來往，和願意給我們整個世界的人戀愛。

不可靠的人說的那些話，我連標點符號都不信。時間要留給可靠的人和可靠的事，更要留時間給自己去努力去成長，讓自己價值倍增，越來越有底氣。

裝在自己的口袋裡的錢永遠不會背叛你，而且能夠幫你挺直了腰桿長成大樹，從此不再尋找不再依靠。

見誰不見誰，跟誰來往，跟誰合作，跟誰戀愛結婚，老子都自己選。

讓你不爽的人你就頂回去，世界立刻安靜了

貝妮又不高興了，週末吃個飯也是一副心事重重的樣子，一個手機開了看，看了又關，儘管訊息聲不斷，他不回覆卻也難安寧。

某同事又在招惹貝妮，面對職場白目人，他已經不只是刁難，而是在欺負貝妮。除了把大量自己該做的工作推給貝妮，發現出了錯也故意不說，上司怪罪就一推了事。貝妮這一年忙到手忙腳亂，還做得很不開心。

究其原因，不過是某同事只比貝妮多來公司幾個月，職位好薪水也高的大公司，誰都想待下去。但名校研究所畢業的貝妮，頭腦顯然更好用，又肯認真努力，很快就贏得了上司和上上司賞識。

一心就圖個安穩的某同事可沒有那麼多時間給工作，他要相親、要約會、要嫁

人、要有個自己的房子扎下根等等，想得很多能做的卻不多。這樣貝妮的長進就威脅到了他的職位，慢慢地某同事就只剩下了嫉妒。

有時候年長點也有所謂「好處」，做小人耍手段手到擒來，用心機也以為新人都是傻瓜。某同事除了在上司和同事面前說貝妮壞話，也利用工作便利壓榨他的時間，還頤指氣使地以為自己是上司的代言人。

聽貝妮說過公司情況，而他的上司，包括上上司並不是糊塗，以貝妮的能力和在大公司工作兩年的履歷，完全可以反擊。不是自己的工作一概拒絕，辦公室裡再發生冷嘲熱諷的事情，就當面頂嘴回去。

某同事的作為早就沒有了自己的體面，你就不要再留面子，越是有同事在場就越是要據理力爭。

沒本事才會被欺負，沒智慧才會被算計，誰都是爹媽養的寶貝蛋，憑什麼你就得爬到人家頭上拉屎？世上道路千萬條，原本觀念不同不相為謀，如果非得搞到狹路相逢，那就一定是勇者勝。

這不是吵架生事，而是堅守立場、就事論事。如果對方人身攻擊？那不論公共場合還是私密空間，對於不能就事論事的人，體面盡失的謾罵侮辱，我們都要立刻以牙還牙。

貝妮終於鼓足勇氣回嘴了幾次，畢竟比起專業能力某同事只能認栽，複雜點的表格都不會做，卻以為自己那點心機可以網住前途，又混了幾個月合約到期了，公司不再和某同事續簽，貝妮升職做了主管。

某同事走後不久，公司就收到一封以貝妮名義發送的群組郵件，說他如何抱上司大腿靠緋聞上位等等。不用說，大家都知道這是誰幹的，畢竟沒有的事情再傳也變不成真事，如今的貝妮也練就了百毒不侵，畢竟他在公司裡的地位是自己爭取來的。

只是，某同事的敵人又多了個前上司。後來聽說某同事找工作屢屢受挫，都傳言是前上司用了在這一行業的影響力，讓「某同事」變成了「某前員工」。他大概除了暫時換個行業混，也沒什麼好出路了。如此，反而耽誤了他要嫁個好男人的計畫。

這是個強者生存的世界，很多人都知道，所以沒有本事的人就喜歡先裝成紙老虎，壓榨和欺負看起來不如自己的人，以為這樣可以換得強者的地位。於是欺軟怕硬、窩裡反、鍵盤魔人、偷拍客比比皆是，遇到違反社會公德和人性良知的事不敢管，就會躲在螢幕後做「英雄」。

生活裡遭遇了這種事情，抓不到現行惡狀，你就繼續努力，別人說什麼原本都影響不到你，要是為此生氣鬱悶才叫上當了。如果有人當面讓你不爽，你就惡口頂回去，世界立刻就會安靜，廢話和是非都會止於強者。

熟人還得講個理，沒理的也不會答應，何況我跟你又不熟，更不必忍氣吞聲。

女兒前幾天在網路拍賣平臺賣出了一副耳機，對方買到後發現和自己使用的手機不合。原本是因為自己沒有看清楚耳機用途，收到貨後發現買錯了，也可以跟女兒協商退貨，支付來回運費就是。

但對方偏不，以女兒「賣假貨」為由要求退貨退款。明明是正版耳機，而且還是在專櫃購買，女兒當然拒絕退貨，並且提供了購買憑據，要求拍賣平臺仲裁。經過一天辯論和投票，女兒勝訴後錢順利到帳。

一開始時我覺得女兒有點浪費時間，不用和沒信用的人講道理，他在乎錢，退給他就是。可後來想想，這種人都不教訓的話，他就永遠學不會遵守遊戲規則，甚至為了自己而習慣性說謊，這幾百元人民幣就算他入門人生的學費吧。

以我的性格根本就不會去網路拍賣平臺，那裡聚集了一群經濟能力欠好卻想挖寶撿便宜的人，更容易發生售前挑剔和售後麻煩。但現今的年輕人也有其務實的一面，自己閒置不用的東西如果能再次被利用，也是對曾經喜歡的東西一種很好的安排。

但我告訴女兒：「那你就要做好準備，你會遇到形形色色你以為是怪胎、但人家認為是生活的人，互相不理解很正常，吵過之後不生氣更重要，始終要相信這個世界美好的人和事還有很多。」

成年人的生活從來都不容易，每個人都有自己的缺點和必須要面對的荊棘，但我們也有自己的優點和欣喜，可以鼓勵自己，並且不受外界影響，按照自己的心意努力走下去。

你問我會不會教訓人？當然會，我信奉「沒事不惹事，有事不怕事」。看到有人插隊違反社會公德，不是拍照貼上網路，而是直接上去說；發現有人不遵守合約，不會一次次廢話，而是壓根就不會再合作下一回；知道有人背後挑事說壞話，不是自己生悶氣，而是直接找到對方給警告。

對於那些沒有事實依據的傳言、好奇和詆毀，出於嫉妒的疏離、自卑和敵意，我心領神會一笑而過。

如果有人自己對號入座罵我，我看到了還會罵回去，然後才把你拉進黑名單。你說我沒心胸？朋友，這不是什麼「不同意見」，做事是我的原則，嘴碎是你的權利，但我不會把一堆「發臭的垃圾」留在家門口。

你說我玻璃心？朋友，這不是什麼玻璃心，是根本就沒對你用過心好嗎？生活裡除了家人和錢，我連眼皮都懶得抬一下。

希望你明白，我凡事都看得開，但這並不影響我有仇必報。還一點都不會留遺憾，事後又忘得最徹底。

遇到讓你不爽，或是屢次讓你不爽的人，你就頂回去，你的世界爽了，才更有心情去做對自己好的事。如果你想得到這個世界最好的東西，就得讓這個世界看到一個最好的你。

某些人事會讓我們覺得生活好難，人心好壞，人間一點都不值得。可成長也會告訴我們，**一路風景值得，對我們好的人值得，那些愛情與溫暖值得。**

生活從來都有A、B兩面，A面是自由、體面和樂趣，B面是人性的各種打擊。

我們在A、B兩面的交替中前行，那些小確幸和大繁華才不是所謂的虛榮與做作，而是有了溫度和厚度，有苦難與辛苦的反襯，美好才能被放大一百倍。

這是一種永不過時的價值觀，是還在吹響的人人自愛的號角，是我們一直最想成為的自己，最想過上的生活。

胖就少吃，累就多睡，窮就賺錢，分就遠離

小Q經常來問我如何減肥，讓我推薦減肥的好辦法，一開始我還很認真回覆。辦法當然有，關鍵是開始做和堅持下去。但兩年過去了，他還是在變胖的路上不回頭。

經常把減肥掛在嘴上的人，從來就沒有做過減肥的事。面對漂亮衣服不能穿的嘆息過後，看到能填飽肚子的食物欲望更旺盛。長期控制食欲的人不會胖，戒掉垃圾食品的人也不會胖，其實我們有很多方法可以不發胖，也有很多努力可以減肥成功。減不掉的都是吃太多的，一直胖的都是不自律的。

小Q的動態貼文很多都是週末節假日出去吃喝玩樂的，串燒、火鍋加半夜的小龍蝦、速食麵，五年前的他身形渾圓，五年後的他遠遠看去還是圓的。他三十三歲了，沒有男友也沒有結婚，職位就是個普通銷售人員。春節前打電話給曾經的上司說想回

原公司上班，但人家放下電話說：「他太用心在吃喝玩樂上，從我這裡離職後也是如此，工作一直就不用心，有空缺不如用新人。」

小Q春節前再次許諾要減肥的時候，我問：「如果你能接受自己的身材也可以先不注重減體重，而是逐漸調整飲食結構，不吃甜食不喝飲料杜絕垃圾食品，然後每日三餐的分量都減半，如此堅持半年再看看情況。」

「你這不光是讓我放棄喜歡的甜品和串燒，而且還要我長期處於飢餓狀態啊？」小Q連連搖頭，「不行，不行，晚上餓了會睡不著覺的，我還得上班呢！」

胃，撐一撐就大了，餓一餓就小了，等你長期養成七分飽、晚餐吃得更少的時候，偶爾大吃大喝自己都會不舒服。少吃，都做不到。每天運動，就不要提了吧。

沒人知道你的口紅是Dior還是YSL，沒人能看清楚你的LV是真是假，錢包裡有錢還是有卡，車也總是要放在停車場。但你的臉大還是臉小，腿粗還是腿細，胖到了不好看還是瘦到一條線，幾公尺之外就看到了。

麗景是全職媽媽，自己帶一歲多的寶寶，總是說自己很累。偶爾和麗景待一天，就知道他為什麼如此累了。寶寶還沒有斷奶，但麗景幾乎已經沒了母乳。白天孩子輔食吃得不多，夜裡餓了自然就要醒幾次哭鬧，讓父母也睡不好。斷了母乳白天幫孩子添加飯食，可以少吃多餐既滿足營養需要，也可以逐漸解決晚上哭鬧的問題。

白天麗景雖然是帶孩子，但寶寶玩耍的時候他也要滑手機，不能及時收拾廚房和房間裡孩子的各種東西，所以家裡一直亂糟糟的，看著都會心情鬱卒。寶寶上午和下午各有兩個小時的睡眠，麗景不是看手機就是看電視，美其名曰是放鬆自己，其實還是嚴重缺睡眠，讓心情和臉色一樣差。

天氣好的時候帶著孩子外出去曬曬太陽，或是一起去環境好的購物中心買買東西、吃吃飯，也是對大人的一種放鬆。但麗景一個人的時候最多就是帶孩子下個樓，自己還是一副不修邊幅的樣子，以為鄰居的眼睛都不是眼睛，完全沒有了昔日的上班族女性模樣。

他說：「帶孩子出門太麻煩，得和老公一起才行，要抱孩子也不能穿太好。」

身邊很多年輕的父母都有這樣的問題，看似獨自帶孩子，實際上都是嘴上細手上粗。自己道聽塗說滑手機從媽媽群組得來一些所謂的育兒新理念，對幫忙的婆婆和媽媽百般挑剔，自己帶又手忙腳亂疲憊不堪，孩子還柔弱經常跑醫院。

我家附近的咖啡館裡，經常能看到帶著兩個孩子的外國媽媽來吃午餐或是喝下午茶。自己穿著光鮮時尚，小的放在嬰兒車裡，大的手拉著媽媽的衣角，有的還會牽著一隻狗。媽媽吃漢堡喝咖啡，大一點的吃著薯條喝可樂，小一點的抱著奶瓶或是叼著安撫奶嘴，狗狗窩在室外座椅下。

春天的陽光下，每個人都有自己的自得其樂。沒有睡眠不足的疲憊，沒有哭鬧不休的煩躁，臉上都透著健康與安樂。原來生孩子和養孩子都是一種能力，那種所謂的超能力，不過是有些媽媽擅長歸納和整理，更精通愛自己才是愛孩子之道罷了。

這樣的媽媽也必然會身教出自律的孩子，懂得遵守規則和規矩，讓父母省心和社會有福。我們需要自律來管理自己，也需要環境來感染自己，這都是生活的一部分。

身邊還有雙寶媽來問我，兩個孩子一個要上學，一個要上幼兒園，還有各種家長會，自己怎麼樣才能脫身去上班……說得好像別人都沒當過媽，沒帶大過孩子似的。

在我生活的城市裡，女人大多要一邊上班一邊回家當媽媽，有的比自己男人賺得還多。當個媽真是如此火氣大，要麼是你人緣太差，沒人幫你忙，要麼是你太窮，沒錢幫你解決問題。

生活規則之一：能用錢解決的問題就絕不要用人情，所以錢不夠多的時候就不要讓自己生太多。

如果說男人賺不到錢就代表沒責任心和上進心，那賺不到錢的女人更多又代表什麼？如果說你認識的沒錢的男人大多都懶，不光賺錢懶回到家也懶，那我只能說你就活在一個窮人的圈子裡，你自己也懶，又沒錢請人只剩下抱怨。

很多人都不願意相信，沒好學校、沒好工作、不能成功、賺不到錢都是由自己造成的，卻認為是生活虧欠了自己，嫁的男人沒本事賺錢，為了孩子不得不放棄工作，是這一切拖累自己沒有變成有錢人，又因此過得不幸福。

世上最不漂亮的女人，就是陷在窮人思維中懶惰還矯情、虛榮還脆弱。賺不到錢還忙著嫁人生孩子，又過不好的女人都寫在臉上，錢都會躲著你走。

朋友前幾天和男友分手，深夜在社交平臺裡發了張獨自坐在咖啡館裡的自拍，寫滿失意傷感的素顏。我回覆：應該化個妝再去談分手。

他是一位職場達人，總是不停地為自己定計畫，完成了因為忙碌看不到驚喜，完成不了年底必會暫時性焦慮症。我們原本都是可以拚臉的，你卻非要在拚才華裡先輸掉了臉，是不是很可惜？

我走到窗邊拍了張照片發給朋友，說：「你現在結帳離開咖啡館，外面下雪啦，體會下北京春雪的美，然後再看看自己還有沒有愛。」

別總是把心弄得好像很滿，什麼事情你都要忙著兼顧並且在乎，結果只是一個人走了，下一個人還沒來，你的心就已經空成了一座廢墟，錯過了身邊無數風景。

分，就遠離。**傷害不斷的愛都不是愛，左顧右盼的情都是濫情。**

你不會愛的時候，你的愛或許就是別人眼裡的麻煩，你會愛的時候，你的愛才是別人生命中的一盞燈火。

在意的事少了，愛的人少了，話說少了，吃得少了，體重少了，心才會輕。慢慢地日子也就簡單了，我們才得以在穩定的情感和纏綿的溫暖中修身養性，漸漸地就自然會事事如意了。今日春分，萬物生長。胖就少吃，累就多睡，窮就賺錢，分就遠離。再努力一點再堅持一下，我已經聽到了幸福在生長……

不要因為現在沒錢，就看不到自己身上的光

偶然的機會認識濛濛，聽他說得最多的就是家裡沒錢，爸媽讓他畢業趕緊找工作，薪水要寄回家幫弟弟，早點找個有錢的男朋友，早點結婚生孩子享福等等。他媽媽是不上班的家庭主婦，一家四口的生活都靠爸爸做修理工人賺的幾千元人民幣。

原本父母是不想讓女兒上大學的，後來他考上的學校免學費，濛濛又哭哭啼啼地去求有退休金的奶奶，才得以完成學業。他申請了助學金還在學校勤工儉學，但用父母的話說，養他那麼多年讀書上學，已經很勉強了。

濛濛整個大學都沒有擺脫沒錢的困境，回家的路費要一省再省，別的同學短假期也會回家，但媽媽卻在電話裡讓他別回家太勤。其實以他的成績考研究所應該沒問題，可更貴的學費和三年的時間，爸媽早早就勸他放棄，說：「家裡現在還是沒錢，

你早點上班以後自己賺了錢再去考就是。」

濛濛最終放棄了考研究所，在北京找工作並不順利，但比對了薪資水準他還是留在了這裡，哪怕只是進一家私營公司。爸媽只要讓他先上班就好，助學貸款還沒還完，反正家裡沒錢，都要靠濛濛自己。

他的室友曉靜也出生在小鎮，爸媽開了家幾張桌子的米粉店，收入也僅夠日常開銷罷了。但他們還是關了幾天店門，因為要送女兒來大城市上學，一家人還順便逛了逛北京開開眼界。

晚上，曉靜爸媽就睡在學校免費開放給家長過夜的體育館裡。他們其實節省至極，但為孩子該花的錢一分都不會少。

曉靜後來被保送研究所，學費要自費，但爸媽說：「只要你能考上，想學到什麼學位就學到什麼學位，我們都供著你，女孩多讀書不是什麼壞事。」

六年過去了，濛濛還在小公司做個行政人員，薪水沒有漲過，談過幾個男朋友都不成，不是他嫌人家沒錢沒房，就是人家嫌他想要太多。後來弟弟大學入學考失敗，父母拿錢讓他上了個職業學校，但畢業後弟弟非要來北京找工作，說是可以住在姐姐家，彼此有個照應。

其實濛濛到現在也沒有什麼真正意義上的家，合租的兩房兩廳離北京有兩小時車程，他的小屋只有四坪。但爸媽讓他幫弟弟，說：「打虎還得親兄弟。」

濛濛不能推託，就因為家裡到現在還是窮，還是沒錢，他被養大了就得反哺孝順父母，就得照顧弟弟。

結果前年弟弟到了北京，經過幾次失敗面試和過不了試用期的尷尬之後，他就一天到晚窩在姐姐的小屋裡打線上遊戲了，夢想著能靠這本事賺錢發家。白天睡覺晚上玩電腦，弄得濛濛也跟著不好休息，工作無精打采，經常出錯。

男朋友也不能帶回家，弟弟還喜歡跟著蹭吃蹭喝，條件好點的男友也被嚇跑了。濛濛偶爾跟爸媽抱怨，換得的就是說他忘恩負義又自私，家裡的親戚都會看不起他等等。現在爸媽又催著他幫弟弟找個女朋友，說是男孩成家了就會懂事。

又過了一段時間，濛濛到底是養活不了弟弟，把他送回家的時候，爸媽生氣怪他沒本事，連一頓飯都沒做給他吃。親戚過來也是催著二十八歲的濛濛趕緊找人嫁了，不行就湊合個再婚的也比現在讓人笑話強，爸媽被說得抬不起頭來。

把親人的感受看得太重，是窮人都有的病。因為沒錢，大多數時候看得重也幫不上什麼忙，無非是攪和是非，淌渾水的結果更是一團糟。在這樣的麻煩裡耽擱久了，就再也沒勇氣去做努力和改變了。

濛濛的室友曉靜研究所畢業後進入大公司工作，三年後又考取了國外名校博士，還拿到了全額獎學金。他跟濛濛說：「碩士畢業其實可以讀博士的，但考慮到爸媽的辛苦，就先上班為自己累積經驗和學費，反正也不晚。」這也曾經是濛濛的夢想，但六年過去了，考研究所變成他想都不想的事了。

曉靜幫濛濛介紹過大公司，面試第二輪他就被淘汰了，主修荒廢，工作經驗也太單薄，這是小公司職位的通病。只有大平臺才有可能造英雄，逼著你不停學習也就有了升職跳槽的機會。小平臺上只有夢英雄，都顧著眼前安穩少了競爭和壓力，就不會居安思危以為大家都一樣。

窮人家的孩子，原本除了錢少，和富人家的孩子沒什麼不同，但活著活著，更多窮人家的孩子就比富人家的孩子真正差上十萬八千里了。教養限制眼界，眼界影響格局，什麼都不敢想就不敢做，什麼都認命，命就不會好。

曉靜靠自己也去了十萬八千里以外看更大的世界了，他說：「我是父母唯一的孩子，他們以後的生活和養老都得靠我，所以為了他們我也不能懈怠，現在離家萬里只能顧自己是必須付出的代價。」

曉靜的男友也曾經是個靠自己賺錢、讓父母老有所依的窮人家的孩子，兩年後他畢業回國，兩個人結婚。後來曉靜自己創業，現在已經是一個孩子的媽媽，產假只休了一個月，就帶著孩子上班了。再見到他時，連濛濛都感嘆：「他越來越漂亮，還越來越有錢。」

曉靜讓濛濛到自己公司上班，目前發展初具規模，他能對朋友負責，提供更好的平臺給濛濛。大學時的濛濛曾經努力且自尊，生活費吃緊，參加聚餐也會拿出自己該付的錢，有時候實在不夠吃飯向室友借了錢，有了也立刻還，他並沒有因為窮就生出嫉妒和貪婪，這是窮人的優點。

還有多少人，只是因為現在窮，就看不到自己身上的光了？自卑萎靡又每天裝著討厭別人，窮裡生了惡又養出了貪，就會一日日變醜又變老了。要麼結婚不工作，把家庭婦女變成終極夢想的同時，卻過著每天不到一百元人民幣的日子。

曾經的夢想和努力都成了一種面對現實的妥協的時候，漸漸就過著和父母一樣的生活，也將一樣如此窮一輩子了。

對於窮人家的孩子來說，如果你真的重視和孝順家人，那唯一的出路就是讓你自己強大。既然無人依靠，那就學會在風雨中奔跑，更好的我們懂得自我努力，然後去改變一個家庭的風水，最終修得福報。

不要因為現在沒錢就把家人看得太重要，好像成了唯一。其實成年人的生活除了父母家人還有更廣闊的天空需要去為自己奮鬥，而那些有格局的父母也一定是希望我們先去成就自己。自己過好不啃老不給父母添麻煩，是第一位的孝順。

很多人都會因為現在沒錢而經歷艱難與不公，那就靠自己去活成渴望的樣子，讓父母最終也能享受不缺錢的天倫之樂。

二十年前，別人會以你父母的樣子對待你，二十年後，別人還會以你的樣子對待你的父母。與其總是抱怨別人狗眼，不如你自己站在高處。

現實和真理，會比我現在說的話更刻薄。

Part 3

生在人間煙火裡，也請保持格調

哪怕我們身邊的世界再複雜再艱難，
也要好好保護你內心的純真與溫柔，
願你能遇見未知的那個美好的自己，
在此之前你先要對別人信任尊重，
願你被世界溫柔相待，
在此之前你先要溫柔相待這個世界。

別讓傳統飯局毀了身材和自信

曲岩兄妹四人，他是最小的女兒，逢年過節父母總是會張羅一桌子的好飯，聚會逐漸都得分兩桌吃了。熱鬧是熱鬧，家人也是家人，但曲岩小時候關於年夜飯的記憶還充斥著吵鬧、發脾氣和一地砸碎的杯盤。

曲岩的老爸承擔了很多家事，也燒得一手好菜，但脾氣暴躁易怒，每次家庭聚會老爸都要準備上好幾天的食材，嫌別人礙手礙腳，什麼事都要親力親為，自然很累。等到兒女們都到齊，老爸就開始一個個找碴發脾氣了。

誰來晚了挨罵，誰吃東西亂扔挨罵，誰沒看好孩子去廚房搗蛋了挨罵，誰吃飯出聲了挨罵，而且不論女婿還是兒媳婦都是如此。大家忍了也就罷了，誰要是頂嘴，一場家庭戰爭就會爆發，有時候沒吃就走了一家，有時候吃著老爸就摔了碗筷。老爸從來都是任勞不任怨，年紀越大越固執己見。

曲岩記憶的年夜飯沒有什麼美好的大結局，家裡的姐夫和嫂子也很勉強回趟家，但他們住在同一個城市，不回去老爸就會更生氣。曲岩說：「我上了大學之後就經常藉口讀書忙不在節日回家了，然後就來到北京工作定居，這之後的所有春節都是自己或是和丈夫孩子過的，不趕著節假日的時候回家看父母，這樣大家都輕鬆。」

前幾年他就和哥哥姐姐們商定，把年夜飯和年初二女兒回娘家的兩頓飯定在了飯店裡，這樣既滿足了聚會過節的熱鬧，老人也不受累不發脾氣，更年輕的孫輩們也都自在了，家裡聚會的氣氛漸漸安靜祥和。

或許是獨立慣了，曲岩並不喜歡這樣的聚會，除了吃吃喝喝就打麻將吃零食，這些年雖然不常回家，但父母生病，家人需要幫助的時候，曲岩都是義不容辭。只是，他越來越少張羅或是參加家庭的飯局。

小時候的記憶給了他太多的陰影，當他有了自己的家庭和孩子以後，曲岩從不在吃飯的時候發脾氣，即使是兒子調皮，他也絕不在吃飯的時候喝斥他。曲岩說：「家人一起吃飯是件幸福的事情，容不得打擾和破壞。」

曲岩的兒子我見過，小小年紀就禮貌懂事，做什麼、吃什麼和玩什麼之前都會先跟媽媽說敬語，徵得同意後才會去做。曲岩的老公也是個性格溫和之人，兩個人結婚十年，相互說話時還是會看著對方的眼睛溫柔細語。

很多人終其一生都在和小時候家庭造成的不良影響對抗，但遺憾的是大多數人依舊走不出陰影的部分，活成自己曾經最討厭的樣子，甚至對自己的孩子變本加厲。能像曲岩這樣有反思，並且去改善，靠自己努力站在陽光下善待生活和情感的男女少之又少。

傳統式飯局充斥著我們的生活，有親人、有朋友、有同學、有同事，甚至是陌生人之間被稱為的「應酬」。或許家人的飯桌上有美食和節日的味道，同時也有東家長西家短的煩惱，其他的飯桌上早已經沒有了飯的味道，只有些無聊的口是心非和虛榮比較。

小菲一年比一年大，直到今年三十三歲的他買好了票都沒什麼欣喜，只有唉聲嘆氣。老媽早已經發來了春節時間排序表，除了七大姑八大姨家的輪流飯局，還有幾場相親的飯局。

小菲說：「從到家後的第一桌飯開始，每個人都會把連續問了幾年的問題再問一遍，排序為：一、你做什麼工作？二、你每個月能賺多少錢？三、你為什麼還沒結婚？」如果連續兩年的答案相同，下面就是，「你這工作也沒意思啊，錢賺得不多，連男朋友也沒有啊？」然後，自己老爸老媽會先羞愧地低下了頭。

今年老媽已經下了最後通牒，要麼帶男友回家結婚再回去，要麼回家相親結婚再也別回去。

在小菲父母住的小城裡，他同學的孩子都上小學了。同學聚會的飯局上，小菲更是被非議、被鄙視、遭質疑的對象，好像每次擁到家裡非拖小菲去赴宴，就是為了找一個人群起而攻之，讓大家過年更開心似的。

一個人來到這個世界是做什麼的？愛最可愛的，吃最好吃的，聽最好聽的，看最好看的。我們要過就過更好一點的生活，要嫁就嫁給愛情，不妥協也不將就。有的路，我們必須一個人走，這不是孤獨，這是選擇。

二十六歲的心悅明天搭火車回家，公司發的薪水和年終獎金，在幫家人、親戚、親戚的孩子買了禮物和準備好壓歲錢之後，他又打開微信看了一遍，然後默默地拿出新買的紅包一個個擺在辦公桌上。

春節也是情侶們結婚的高峰期，這個春節心悅有六個親戚和同學要結婚，紅包一包包準備好以後，他的銀行帳戶也空了。他苦笑著：「春節過後我回到這裡的時候，就只剩下刷信用卡勉強維持到下個月發薪日了。」

同事問：「那你的幼兒園到大學同學加起來有一大群人了，個個結婚你都給紅包啊？」心悅總覺得既然人家來請，不去不好意思，而且就算平時不回家，紅包錢也是要用微信轉帳過去的。

前幾天公司同一個部門裡的同事，甚至還一致收到了已經離職半年的前同事的結婚喜帖。

各種婚宴、滿月酒、生日、紀念日拼湊起來了的，不以人情論交情，只以收錢為目的的飯局，除了掏空你的錢包，還會惹一身的怨氣。明明很多是想占你便宜的人，你還非得湊上去送錢，然後再花時間吃一頓莫名其妙的飯。隨口答應不如認真拒絕，乾脆果斷是一種特別高級的品質，這些無聊的飯局只會拉低你的身價，讓你今後也成為那個到處發請帖、不要臉也要撈回曾經給出的紅包錢的人。

你的仇人在磨刀，你的閨密在減肥，隔壁老王都在練腹肌，你卻把時間浪費在漫長的飯局中，吃成了油膩猥瑣滿口黃色笑話的老男人，嘮叨臃腫滿身市井味的中年婦女。你不需要一場又一場充斥炫耀和黃笑話的無聊飯局，你需要的只是一次又一次有價值的遇見和快樂。當你結婚生子不需要別人給的紅包辦酒席和養孩子的時候，你就不會再為了一包包的紅包錢頭疼心也疼了。

最沒用也最不值錢的，就是傳統式飯局上的人情。功利的社會風氣下，甚至連家人的飯桌上也瀰漫起誰有錢誰都受歡迎的氛圍。

當你接觸的人層面和素質越高，就會發現，這樣的一些人越高級越有教養，並且善於相互學習和相互支持，因為你好了大家才都會好。越是層次低個人素質差的人才喜歡相互嫉妒、詆毀、拆臺和鄙視，因為我不好也不想讓你好。

影響一個人的首要因素就是環境和思維，我們在活得幸福獲得成功的路上，一定要和那些有格局有智慧的人一起前行，才能最終抵達。

成熟的標誌是你吃飯店 Buffet 也不會撐著了，是你學會了拒絕即使有人不高興也無所謂了。

工作，是女人的另一種生活

美玲和老公是大學同學，主修都是建築設計，當年學院裡沒有幾個女生，更何況美玲除了品學兼優，還高挑漂亮，幾乎每個學院裡都有男生對他心生愛慕，追到宿舍送花、送飯、送零食的男生更是成了別的女生眼裡的公害。

兩個人畢業留在城市開了設計公司，一起打拚自己的事業，五年以後他們倆已經小有成就，公司發展蒸蒸日上，有了幾十名員工。這時候的美玲三十歲了，懷孕的時候老公讓他回家休息待產，並且把丈母娘也接了過來。

女人都會有這樣一個階段，懷孕、待產、生子、哺乳，有些女生一直挺著肚子上班直到正式休產假，幾個月之後又重出江湖再回工作崗位。或許胖了，也不那麼輕鬆了，路途近的中午要跑回家餵奶，大城市工作的中午不回家，每天還要背個保冷袋儲存白天吸出的奶，晚上再帶回家給寶寶喝。

工作的女子看似辛苦奔波，但他們往往沒有什麼產後憂鬱症，因為上班也是一種生活，忙碌卻可以把控，辛苦卻有薪水。而且因為有愛美的同事和公司裡的帥哥，產後的媽媽更有動力恢復自己的身材，再次穿出生孩子之前的花枝招展。

環境是個大染缸有時候也沒錯，但除了灰色和黑色，還有五彩繽紛的彩虹色。

美玲這樣的準媽媽從懷孕開始就不再上班，看似能夠精心養胎，卻也很快蛻變成了準黃臉婆一枚。他再不需要面對世人，又擔心護膚品化妝品對寶寶有害，美玲有時候連臉都不再好好洗，怕著涼每天洗澡的事也免了。

有老媽貼身照顧，美玲體重超重了，直到血壓也開始偏高。懷孕帶來的各種不適感讓美玲變得更加沒安全感，整日在家無所事事，開始纏著老公天天陪他。男人正是事業上升期，隨叫隨到堅持不了多久。

孩子還沒生小倆口就吵架，孩子生下來晚上的哭鬧又讓老公躲進了書房睡。開始的時候美玲還可以理解，畢竟男人做設計圖是個龐大又瑣碎的事情，容不得一點馬虎，又要管理一個公司。但夫妻之間這種在哺乳期的疏離，讓美玲很快就受不了了。

他偷看老公手機和電子信箱，發現什麼蛛絲馬跡都有一場大吵，然後就是去公司搞偷襲，看看老公是不是和櫃檯某女孩說話太多、和市場部某女孩一起出差等等。開始的時候男人都讓著他，讓著讓著，無中生有的事情就越多，老公的沉默或是道歉統統被美玲歸為「做賊心虛」。

直到有一天，美玲到公司以送飯為由吵架罵人，男人推翻了飯菜怒吼：「你看看你現在都成什麼樣子了？穿著孩子吐了奶的T恤出門罵別人狐狸精，蓬頭垢面到公司對設計部的工作指手畫腳，回到家又看著你洗完澡不穿衣服就去幫孩子換尿布，你還像那個曾經很出色的設計師嗎？你這樣突變問過我的感受嗎？」

美玲不工作也不過兩年的時間就開始憂鬱了，初期是不打扮和懶散，中期是不適和沒安全感，後期是多疑吵鬧和煩心。再後來連孩子也不想見了，嫌不滿週歲的孩子吵鬧，斷了奶索性讓老媽帶著睡，自己一整晚看都不想看。

像美玲這樣生活富足的全職媽媽其實在生活中還是少數，很多不工作的女子還需要面對獨自帶孩子，經濟狀況窘迫，老公各種不盡心盡責，甚至還有更惡劣的婆媳家庭關係等等，有多麻煩可想而知。比起工作上的壓力，朝九晚五的奔波，自己眼前的日子都無法掌控時，才最痛苦、最無助。

沒有工作收入的女人，在處理此類現實麻煩時，除了自己煩心、吵鬧、憂鬱以外毫無辦法，說離婚都說到嘴上起泡了，可最終還是得忍耐和將就。

如果女人工作，還可以分心社會事務擔起社會責任，不要小看這樣的責任，這會讓我們因為獲得了認可變得自信和自由，逐漸擁有了生活和情感的選擇權。

當我們變得可以自由選擇人和事的時候，所有的人和事都會像你當初擔心懼怕的時候一樣擔心懼怕你。這種人生蛻變的感覺，超棒的！

女人在懷孕生子的過程中適當休息當然是應該的，但請不要放棄工作和尊嚴，也唯有工作可以為我們保留最後的尊嚴。這個看似無用的東西卻能夠在危急時刻護佑我們，再殺出一條通往幸福安寧的路。

以美玲的才華如果能度過懷孕生子的敏感期，再次步入社會工作，和老公一起打拚事業也好，或是自己做個獨立設計師也罷，所謂憂鬱都能迎刃而解。但在家閒了幾年後，美玲的鬥志完全磨滅，他打算再生個孩子和老公踏實過日子。

然後呢？老公的公司越做越大，在外面有了正式的小三和小四，二寶和三寶也不用美玲生了。美玲早就不再吵鬧，而是迷上了「養生」，看著也很忙碌，孩子交給外婆外公帶，他整日飛來飛去各個城市上各種「養生課」。

原本學習讀書是好事，但美玲迷上的課程很快又讓他進入偏執，老年人的話叫「養生」，買各種課程的附加產品——很貴的純天然食物，又經常辟穀不吃飯減肥治病，還要把皮膚拍得瘀青排毒，心如止水，不喜不悲，如果不是我的，折騰也是浪費時間。

年輕人的話叫「佛系」，在家打線上遊戲、看劇，付出對他們來說是件奢侈品，社群動態裡幫誰都按讚，聚會見誰都擁抱，世界就充滿愛。衣服能穿就好，化妝是不環保，胖是有福氣。

不努力也是一種人生，等到對的時間，再去遇對的人。他們在最好的年代裡虛度光陰苟且白活，還說自己看淡人世洗盡鉛華，如此養生和佛系才是人間正道。

我的女性朋友很多年前也皈依佛教，但人家開火鍋店生意興隆，開雲南菜創意和味道都絕佳，又創建了自己的米線品牌。從設計到裝修到研究菜單無不親力親為，匠心努力和執著堅持才是成功者的品德，開張當然還是生意興隆。

因為再婚丈夫是北京人，朋友如今也要在這裡發展事業，一切再次從頭開始。他奔波考察北京餐飲市場，坐在別人的餐廳裡數來店客流量，還要為店面、裝修、產品各種事情操心。

我陪他走在北京人來人往的街頭，朋友說：「之前來北京每次都像個客人，現在把工作也帶來了，雖然忙碌也焦慮，卻發現自己已經慢慢融入了這個城市。」

朋友已經是四十多歲的人了，而且比大多數女人都有錢，但工作依舊是他的價值與底氣。這樣的一種生活也成就了他不老的心態和容顏，在情感生活中幸福而美滿。

工作，是唯一一種靠自己就能讓自己心安並且富有的事情。**人生不需要努力當然也可以，那你獲得的就只有貧窮與衰老。**

工作日不工作，這個月收入少了，或是到年底發現沒有達到目標，我就會心慌。就像一個整天健身的人，哪天沒跑步就會活在「我會發胖」的恐懼裡。

平凡人的平凡之路上，容不下無病呻吟，工作是女人的另一種生活，壓力只會讓我們更專注，獲得想要的品質與愛情。

你別來麻煩我，我也不會去打擾你

我在北京生活，偶爾有同學熟人過來聯絡，我都會抽時間請對方吃個飯，盡地主之誼。但有時候也會多出別的是非，無非是有的熟人認為我還應該安排在北京的住宿、交通、來去接送等等，甚至能住在我家裡更好。說辭都是情義，原因都是想為自己省錢。

其實除了我的家人，沒有什麼二十年前的相識還值得我這樣「接待」。敘舊都敘了多年了，說新又沒有共同語言，不在一個城市生活的狀態也已經千差萬別，真是沒什麼話值得一說再說，何必為自己方便就非得麻煩別人？做得好還是不好，最終都落不到什麼好，因為占便宜的心思總是滿足不了的。

某小學同學，最近透過父母的老鄰居千方百計聯絡上了老媽，說是要帶著家人來北京，希望能見見面。我剛聽說時，甚至連對方是誰都想不起來了。三十多年前的小學校園裡的同窗，畢業後再也沒有聯絡，真是難為他還能想起我。

我另外一位同學，自己身邊有任何人來北京他都會問我天氣、穿衣、住的地方、玩的去處等等，訊息說不夠隨時打電話，恨不得要我做個詳細的旅行攻略發給他。而且，每次來人他必問同樣的問題，之前說的都白說。

甚至還有陌生人在部落格裡留言：我下星期要來北京，住在某飯店，請介紹一下附近的美食，還有好玩人又不多的景點有哪些。

麻煩了別人還得寸進尺，打擾了別人還毫不客氣。但凡有點臉面都會臉紅吧，但凡有點腦子都會覺得很傻吧。

生活中這樣的人不在少數，遇到問題不是想辦法自己解決，而是到處說、到處找、到處麻煩別人。你能幫助解決到滿意也就罷了，但凡有一點不爽，就全是你的不是。除了親生媽媽，給的大概都是驢肝肺，所以還是省省吧，一開始就拒絕最乾脆。

我是一個特別怕麻煩的人，整理自己的生活和圈子，讓一切都慢慢變得謹慎且簡單，沒事不惹事，有事自己解決，用錢能解決的就不會用人情，也會遠離那些自身麻煩不斷，或是總喜歡給別人找麻煩的人。

前段時間和X女生去找客戶談事情，中午約了一起吃飯，到了餐廳後發現需要候位，這其實是X女生工作不細心，既然是工作上的飯局就不該約在這樣的地方。但客戶是位彬彬有禮的中年男士，人家並沒說什麼，等著就是。

結果我和客戶剛坐在門口一下下，就聽到X女生跟帶位服務生吵了起來，無非是因為誰先誰後的問題，讓我們都很尷尬。客戶接了一個電話後，說公司臨時有事不吃飯了，我們的事情以後再約時間談。

我知道，不會再有這樣的時間了。愛惹是生非的女孩，不光男人不會喜歡，連工作都不會喜歡。生存已經不易，何必活得那麼咄咄逼人，把身邊人都嚇走，又把自己逼成了潑婦和瘋子。

你什麼時候看到一個有身價的人話太多、一個成功的人到處找別人接待吃喝、一個幸福的人斤斤計較？明明知道這是一個看臉的時代，卻還是要把自己的臉過成沒法看的醜陋，明明知道這是一個功利的社會，卻還是要把自己過成毫無身價的樣子。

李米去年有了男友，男友買了新房子，工作收入也穩定，這樣的男人已經很稀缺，關鍵是他一直想找個當地人。人家的房子一裝修好，李米的父母就帶著家當和兒子浩浩蕩蕩地來北京，弟弟沒考上大學，李米拿錢讓他在北京念專科學校。

沒多久妹妹也帶著孩子和老公來了，說種地沒什麼錢，要進城打工，兩房兩廳住滿了人。以前兩個人還可以週末約會，可自從李米的家人來京，週六、日常提各種要求讓男友開車去辦，這次是逛北京城，下次是看病，再下次是接親戚來。

男友堅持半年就扛不住了，男友的父母也怨聲載道，那間房子是老倆口出的錢。兒子在剛起步的新公司，加班忙到沒有休息，新房子被女友家人霸占，有點時間還得被女友呼來喝去，原本家人就不同意他和李米戀愛，現在矛盾更多了。

他說：「如果有真情在，就應該有體諒在，但李米越來越沒心思談愛情，說得最多的就是錢，就是要穩定安全，希望我家能再買間房子結婚用。房子可以買，但會不會又成了他家人的第二間房？我不想再試了。」

一年多的戀情以分手告終，據說為了讓前女友家人搬走還費了一番周折，是父母出面給了一些搬家租房的錢才解決。李米無疑也是一個自身麻煩很多的人，照顧家人無可厚非，但自己沒能力卻指望嫁個男人讓一家人跟著雞犬升天，這種好事現在已經越來越少了。

別為了自己省錢和省事就去搭上人情和愛情，何況有時候你根本就沒有什麼人情可搭，搭來搭去都是自己賠本，被別人看不起。即使是曾經的戀人，因為沒有血緣關係，也做不到為你赴湯蹈火毫無怨言。

那種把別人的時間和金錢都特別不當一回事的人，往往都是因為太閒又沒錢，連被利用的價值都沒有。別人又憑什麼要幫你呢？這不是功利，這是現實社會的價值觀。你想利用別人，卻沒有能力或是不想等價交換，只想著去占便宜的時候，才是一種觀念不正。

我認識一位做代購的女孩，在法國工作和生活，有時候我會在他那裡買一些喜歡的東西。前幾天我發圖片向他詢問尺碼和價格的時候，發現他回覆很慢，而且沒有仔細看我前面說的一些事。我猜測他可能在忙，就留言說再聯絡。

果然在社群動態看到他帶著去法國探親的媽媽短途旅行，我只能按下自己敗家購物急迫的心，等他旅行回家再說，並在社群動態裡祝他們旅途愉快。

天氣不好盡量不叫外賣，叫了外賣也不要在意送餐時間晚不晚，對快遞員好一點，尊重為自己服務的所有人，即使付了錢也盡量不給人家附加額外的要求和麻煩。

不要打擾人家的工作、生活、旅行、快樂，也包括不想說的傷感，給人家一點時間、體諒、笑容、溫暖，甚至是不動聲色的溫柔。

你別來麻煩我，我不會去打擾你，這樣的為人處世中，或許才有利益互惠，我本善良和堅守初衷。

成長的很大一部分就是獨自接受，接受世事無常，不抱怨，接受人情冷暖，別不甘，接受突如其來的無助感，都正常。天黑開燈，下雨撐傘，難過在所難免，別到處找人幫，不作死就不會死。

為什麼不要和這樣的窮人來往

團子夫妻倆幾年前透過公益網站，資助一個窮困地區的女孩求學。當時女孩八歲，父親在農閒時進城打工，勉強養活一家五口人。夫妻倆為了讓瘦弱的女孩增加營養，除了每月的固定資助金，還經常往他媽媽的帳戶上多給一些幫孩子買吃穿的錢。

女孩順利進入小學，過了兩年弟弟也到了入學的年齡，女孩的媽媽打來電話想讓團子夫妻繼續資助。團子和老公是北京中產家庭，也有孩子，但兩個人商量後還是同意了，畢竟月收入再養一個山區孩子也夠用。

但慢慢地，那戶人家的胃口也被養大了，不光來要兩個孩子的生活費，逢年過節還要討微信紅包，蓋個豬圈也是團子夫妻倆出錢。

朋友問：「什麼窮人？都有微信交友圈的爸媽，就不能自己賺錢養孩子啊？」

團子解釋說：「人家都說是偷用別人的網路。」

再後來女孩去縣裡讀國中，藉口學習和聯絡方便要團子買手機和電腦，看到每學期按時寄來的成績單，團子夫妻都一一滿足了。女孩也很乖巧的樣子，大部分週末都留在學校讀書不回家，偶爾還會在宿舍跟團子視訊，讓團子了解自己的情況。

到此，團子夫妻資助女孩讀書已經八年，順便也負責了一家人八年的生活費用。

直到上週，團子在媽媽群組裡看到一些轉發的影片和圖片，大家在議論某平臺發生的「少女媽媽」事件。一群還不滿十八歲、最小只有十四歲的女孩已經做了媽媽，甚至是雙寶媽媽，還紛紛弄直播發影片比較誰更美誰更小，或是說可憐賣慘，以此博取眼球騙粉絲捐錢。

團子居然在其中看到了自己資助的女孩，他明明該在學校準備考試，卻在影片裡濃妝豔抹地半裸，挺著七個多月的大肚子搔首弄姿。

事情被戳穿後，團子夫妻週末去了一趟女孩家。原來他國一就和同班男生談起了戀愛，然後就懷了孕。男生家在城裡開超市，對於女孩的爸媽來說，那就是個高攀的「豪門」，於是就把女兒送到男孩家裡養胎了，男孩的父母說如果是個孫子就結婚。

女孩的媽說：「我養活他那麼大，不就指望他嫁個好人家吃香的喝辣的，我們也能收點聘金幫兒子娶媳婦。他年齡也不小了，我們這邊的人都這樣，擺個酒就算結婚了，早生孩子早得福。」

如果不是團子夫妻看到了影片，這家人還打算繼續騙下去，因為人家已經在打地基準備為兒子蓋新房了。團子夫妻明確表示今後不再資助，只是看著懷孕的女孩，想起他一邊去宿舍跟自己視訊賣乖，一邊在直播影片裡賣慘，團子終於壓不住噁心，吐了出來。

回北京後，女孩和他媽媽發社群動態指責團子失信，還公布了夫妻倆的私人資訊。這幾天「少女媽媽」影片被媒體圍剿，猜想是斷了女孩想出名發大財的夢，他又發來微信道歉哭窮，說懷孕後男孩家其實是對自己不聞不問，因為活不下去他才發那些影片想賺錢。

團子夫妻封鎖了女孩家人，並且斷了所有聯絡的可能。這讓我想起了看過的一則新聞。

二○○二年，某女明星偶然在電視上看到一個小男孩向海清打工上學的勵志故事，於是他讓母親幫忙聯絡向海清資助他完成學業。那時候他本人的事業剛剛起步，但每個月都會寄去五百元人民幣的生活費給向海清，在那個年代已經足夠讓向海清吃飽穿暖了。

向海清第一次大學入學考試失敗，這名女星堅持讓他重考。他考上了大學之後，獲得了六千元人民幣獎學金，除此之外他每個月還會有一筆生活費補助。但是向海清卻變得不知足，不但每個月向女星索要生活費，要錢的情況還越來越頻繁。

女明星覺得不能再這樣縱容他了，於是停止了對他的資助。這讓向海清十分不滿，他讓媒體曝光了這件事，責怪女明星好人不做到底，讓他一夜之間在網路上被無數人謾罵。

現實版農夫與蛇，是現實社會人性的特色之一。生活裡有些窮人不光不能來往，而是你被黏上就會被訛、被騙、被害、被剝層皮。

女兒大二的時候去外校做交換生，新宿舍裡四個女孩來自四個學院，其中L是偏遠郊縣貧困生。但入學不久就發現，L是最愛打扮吃穿的女孩，用他的話說這樣才有面子，還因為有男友經常深夜回宿舍。

有一天凌晨，女兒在睡夢中被大力的敲門聲吵醒，下鋪的女孩去開門時都被嚇了一跳，L披頭散髮，哭得妝都花了，一進門又撲在床上吵鬧。三個女孩面面相覷，因為大家一早都有課，就又戴上耳機睡了，畢竟大家都是各自科系裡的學霸。

結果L從此恨上了室友們，並且經常鬧得大家都不高興。今天把人家整包的衛生巾扔到廁所垃圾桶，明天把人家喝的奶茶故意碰翻在電腦上，後天又把人家的洗面乳擠在瓷磚地上等等。大事沒有，小事不斷。

女兒回家說起此事，原因不過是L失戀了，自己和另外兩個女孩沒有及時過問也沒有去安慰他，L就覺得宿舍人心險惡了。於是他把宿舍搞成了戰場，結果越發被三個女孩孤立。

我告訴女兒：「不要去過問他的隱私，你安慰不了一個自己都不知道好壞的人，保護好自己，不在宿舍留吃剩的食物和飲料，心裡有數保持沉默，絕不和觀念不同的人做朋友，但也不必去指責室友的生活方式喜好。」

不掩飾虛榮，不注重隱私，以「初生之犢不畏虎」的勢頭去強行融入融不進的圈子。用隱私換同情和安慰，以「你沒有同情心是看不起窮人」的嘴臉去綁架善良。這一套在小地方和同類人中還是很管用的，但在大城市和大圈子裡根本行不通。

你的虛榮是你的自卑，你的脆弱你自己得負責，我沒空聽你嘮叨和抱怨，你把自己的負能量傾倒給別人，才是欺負人好嗎？

儘管根本欺負不到，這樣的窮人也要一試再試，萬一得逞了呢？遇到有錢的人給不勞而獲的自己餡餅，或是遇到有錢的男人嫁了，一家人都跟著雞犬升天。

如今，窮則思變越來越少，窮則生惡越來越多。造成惡性社會案件的新聞時有所聞。還有無數宿舍裡的「恐怖故事」，往室友奶粉裡加瘦肉精，毛巾中裹刀片，床上撒大頭釘等等。

做出這些事的男女，沒有一個家境優渥的孩子，大多數是窮人家裡養出的怪胎，或者乾脆就是一個胎盤。

暫時沒錢不可怕，可怕的是貧窮思維，這樣的窮人才喜歡抱怨不公，評論別人的是非，嫉妒人家的好生活。他們普遍敏感、脆弱、易怒、充滿暴虐和戾氣，對身邊人任性霸道，對外人敵意惡毒。

有些窮人會因為沒錢變得貪婪且惡毒，即使沒有做雞鳴狗盜的事，一生也都活得如此下賤，糟蹋著人心，也汙染著這個世界。我們誰都插手不了誰的人生，但我還是想勸你善良。

不讀書上學、不努力工作你就什麼都不是，成人世界只講規矩不論對錯，自己沒價值連付出都不值錢，等你能被別人利用的時候再去談人脈。人醜錢少更應該多打拚多見世面，別讓窮成為自己一生都不能翻盤的恥辱。

女兒和同學外出吃飯玩耍，一般都是平均分攤，即使和家境不算好的同學一起，也給對方為自己買單的權利。但女兒會用各種藉口讓對方少支付一些，或者讓對方選擇地點。

不能來往的窮人畢竟是少數，多數都和我們一起在奔赴夢想的路上，但不過問隱私保護對方的自尊心，也是一種教養。

我們為什麼要如此堅持？就是為了一樣的工作也有不一樣的心境，一樣的家庭也有不一樣的情趣，一樣的後代也有不一樣的教養。

不害怕改變和選擇，就像不害怕會變老一樣，這是平凡人的平凡之路。

遠離豬隊友，你的圈子就是你的層次

A女生剛進公司銷售部不久，主管Q女生就主動示好。A女生開始時還受寵若驚，於是對這位小主管言聽計從，可他也發現別的同事卻在疏遠自己。

某天Q讓他去跟支援部門溝通任務分配，去之前A女生看了他給的資料，也覺得是分配不公。再加上Q說那是對方經理在刻意刁難，讓自己上司為難，希望能做調整讓大家能完成任務拿獎金。

本來就耿直的A女生和對方據理力爭，整個辦公室都聽到了對方咆哮。A女生以為是在為經理分憂，下班的時候經理把他叫到辦公室了解情況，原來人家根本不知道這件事。不過是Q女生想偷懶，他的團隊上個季度做得最差，支援部門並沒有什麼不妥，結果A女生去得罪了人。

再後來A女生發現Q和經理的關係很僵，認為自己早該升職，經理上任後他故意拖拖拉拉，處處對上司找麻煩，A女生來之前就在鬧了。Q女生仗著自己是總公司派下來的，完全不把外來的經理放在眼裡。

一位同事曾經提醒過A女生：「你別站錯了隊，他可不是能罩人的上司，有好處自己上，沒好處才會讓。」

但A女生覺得剛去的時候得到過Q女生提攜，而且人家是主管也有能力，工作上能合作的話也會事半功倍，而且Q女生又為自己陣營拉了一個隊友，三個人經常一起商討工作，組團應對經理，Q女生承諾要升職也不會忘記隊友。

可另外一位隊友屬於經常混工作的人，不久就在經理無預警地調查市場中敗下陣去，被公司開除了。年底Q也因為任務完成不了被調職成行政人員，他在臨走之前還把兩筆費用不清的問題推到了A女生身上，才算保住自己沒被開除。A女生好不容易進了大公司，現在只做了一年就前途堪憂了。

工作其實不複雜，複雜的是跟你工作有關的人。同事之間若須合作彼此配合，找個隊友搭檔很正常，但如果對方是個智商不夠還好鬥、EQ不高還玩手段的豬隊友，你就會被拖下水。

最有名的「豬隊友」典型可以追溯到二戰，一九三九年德義簽訂《鋼鐵條約》組成軍事同盟。一九四〇年德法戰爭中，義大利先是以「沒有做好戰爭準備」為由拒絕參戰。德攻占巴黎時義大利又想撈一筆，急忙對法進攻，結果被法軍打得潰不成軍。英國的首相曾經諷刺道：「萬幸，義大利成了德國的盟友，而不是我們的。」

蕭瀟和雨林是大學同學也是閨密，只是雨林心高氣傲，一直在相親的路上挑挑撿撿，蕭瀟倒是很快結婚生子，做了全職太太。蕭瀟的老公自己創業開了遊戲公司，這兩年業績不錯，吸引了資本投資來洽談，人忙了起來，蕭瀟就不踏實了。

當初蕭瀟和老公談戀愛的時候，雨林嫌閨密的男友沒家世也沒錢，一起見面吃飯也對人家百般不屑。

蕭瀟的老公很反對老婆和這樣的女孩來往，對閨密都那麼刻薄。但蕭瀟是個好脾氣的女孩，他覺得雨林就是心直口快但沒壞心眼。

結婚之前雨林慫恿蕭瀟問婆家要大筆聘金，結果差點搞砸了婚事，雖然最後降了價格，但蕭家還是收了十萬元人民幣。蕭瀟的老公從此不再參加兩個女人之間的任何聚會，有時候雨林來家裡他也只是保持禮貌而已。

蕭瀟發現老公手機裡的曖昧微信，懷疑他出軌，第一時間發了截圖給雨林，商量怎麼辦。雨林很快就打聽出那個女人上班的公司，帶著蕭瀟殺了過去。那個女人不是小三只是蕭瀟老公的客戶，人家看老婆找上了門，立刻就斷了和公司的合作。蕭瀟對雨林感激涕零，越發好了。

老公的事業在最需要發展的時候卻損失了重要客戶，他不能找老婆算帳只能自認倒楣。蕭瀟也完全不知道他讓自家男人失去投資又賠了信譽，後果有多嚴重，只是沉浸在守衛婚姻的成功和閨密相挺的喜悅裡。

但凡自己和老公之間有任何風吹草動，蕭瀟總是找雨林商量，在他眼裡閨密簡直就是能管好和改變男人的標竿。因為和蕭瀟吵架，他的老公住在公司幾天未歸，深夜雨林陪著蕭瀟跑到公司捉姦，把一個正在加班研發遊戲的小女生打了。蕭瀟的老公當著一群下屬的面，要跟蕭瀟離婚。

第二天他就帶著司機把家裡屬於自己的東西搬走，蕭瀟阻攔吵罵，他乾脆就只拿走了電腦，留下一份離婚協議，除了公司他淨身出戶。看著哭鬧要爸爸的四歲兒子，蕭瀟傻眼了。

再下來，雨林那些伎倆也徹底沒用了。蕭瀟的老公說：「既然臉都不要了，離婚更無所謂，從結婚要給你家十萬元人民幣開始，從你和雨林那種滿身負能量的女人糾纏不清開始，我就想到了有這一天！」

終於有明白人告訴蕭瀟，雨林三十多歲了連正經戀愛都沒談過，更別說婚姻和家務事了，工作換了無數次越換越差，一個自己人生都那麼失敗的人能給你什麼指點？你老公有才又有貌，公司前景不可限量，你難道就沒想過雨林一直攪和你們小倆口的事？就是因為他嫉妒你嫁了個好男人，巴不得你也離婚成單身。

蕭瀟這才想起，自己老公也多次說起這事，不喜歡單純的他和雨林來往，時間長了會沾染怨氣和麻煩。

很多人都是如此，開始時不是不好，談愛情和友情或許也都合適。但隨著時間的推移和生活的磨礪，我們都會發生改變，兩個人路不同了，或是一個過得順風順水、一個總是麻煩不斷的時候，心也就不會那麼淡定坦然了。

人性的陰暗面會在這樣那樣的一些差距裡膨脹擴大，如果我們不能及時發現並且去做調整改變，那「感謝當年不殺之恩」就不只是一句玩笑，而是不幸中的萬幸。

你要麼努力擁有出人頭地的能力，要麼就心甘情願做個無公害廢物。有人卻偏偏不平靜，和豬隊友合作，和怨婦為伍，和渣男糾纏，連面對自己的勇氣都沒有，整日裡討厭並且疏離那些真正優秀的人。

然後呢？你一輩子只能和腦子更愚蠢、人品更渣渣的人彼此消耗，彼此折磨，彼此活得越來越低層次不入流。

世上有很多種活著的方式，如果你選擇有品質且有溫度地活，那麼與優秀幸福的人為伍，是你選擇做更好一點的自己的第一步。要知道，生活裡所有的失去和分離，多少都有點「你自己不夠好」和「對方已經不喜歡你」的意思。

你的圈子就是你的層次，圈子裡如果都是些戲精的吹噓炫耀，怨天怨地嫁不出去和不敢離婚的怨婦，折磨你消耗你的渣貨爛桃花，那你的層次也高不到哪裡去，再說做什麼大事賺錢都是不可靠。

你抱怨的生活就是你應得的日子，因為永遠都是「不是一家人不進一家門」，時間拖久了你也真是好不到哪裡去的人了。不要小看圈子的影響力，到底是世界太大我們容易迷途，情感薄涼我們需要取暖。

優秀且幸福的人就像一團光芒，在一起待久了，就再也不想回到黑暗裡。並且要保持這樣的光芒，因為你不知道誰又會藉此走出眼前的黑暗。

管好你的脾氣，從身邊環境開始

曾經被別人問起：「你的人生有沒有艱難的時刻？」我覺得每一年自己都會有一些艱難的時刻。

居安思危，工作賺錢的自己才有安全感，要過得更好一點就不能懈怠，在情感上做個了斷，或是有個新的開始，陪伴孩子的成長必須與時俱進等等，這樣的過程或長或短，或輕或重，或苦或痛。

我從來都是個積極解決問題的人，不抱怨也不逃避。所以當這樣的時刻來臨的時候，我必須控制住情緒，去平靜面對和想辦法解決。

每到年底我都會有焦慮感，回首上一年好像做得並不夠好，想到新一年還是壓力超大，以至於有點所謂的「過節症候群」。

當生活和工作中的各種煩惱襲來，關起門來自己解決和消化最好，外人的介入並不能幫我們做出決定。自己的體面和風度往往是我們抵禦傷痛的最後一道屏障，靜待情緒上的狂風暴雨過去。

第二天心情不好會繼續，就畫個太陽溫暖自己，如果你能控制情緒先展露微笑，別人的天空也會向你敞開豔陽。不論遭遇了什麼，我們能做的就是接受不能改變的，努力改變可以改變的，並且堅持下去。

一生很長，艱難和驚喜都會不期而遇，誰不是一邊努力活著，一邊又不想活了？我是個相信轉機和奇遇的人，所以一直要保持一個好看的樣子，我也知道哪裡會有光必須抵達，所以能夠原諒生活所有的刁難。

壞情緒襲來的時候，我們的一些興趣愛好可以幫助自己控制情緒，看書、運動、種花、養魚，所有能讓自己安靜下來，並從中獲得提升的事物都可以。哪怕你擅長洗衣做飯，每天讓自己穿著乾淨整潔，又把自己養得容顏滋潤，這也算是愛好。

冬季是北京城霧霾嚴重的季節，有時候會連續好幾天。房間裡顯得灰暗壓抑，情緒不佳的我窩在沙發上喝茶，突然發現自己忽略了布置各個角落。之前只是在這樣的角落放上一盞燈，有了溫暖卻還少生機。

我先把每個房間仔細打掃擦拭一番，然後把所有的角落觀察一遍，心裡盤算好大小和造型，再去逛了逛花市。等家人晚上回來的時候，每個房間都已經煥然一新。其實不過是新放了些植物，但因為將原本陰暗無用的角落打造成了獨具匠心的小景，整個家就顯得生機勃勃了。

那一晚，家裡的每個人說話聲都溫柔了許多，原本因為焦慮難以入眠的自己，枕著花香也一夜無夢好睡，醒來則是滿目繁花和碩果。

家外是北京最冷的一週，呵氣成霜，滴水成冰，家裡卻只有春夏的暖意和絢爛。

當家裡或是辦公室裡的每個角落都明媚起來的時候，你會覺得陽光也無處不在，心靈始終都可以自由呼吸。

你還一定要養成定期收拾整理房間，並且重新添置開始的習慣，永遠不要再買、再用退而求其次的物和人。當房間被雜物堆滿，你的新形象就永遠在夢裡，當每個角落都落滿灰塵，你的心靈也會蒙塵，當身處的環境充斥眼淚痛苦，你的情緒只會萬劫不復。

你要相信眼見的都是真實的，想改變就一定要從眼前的事情做起，比如先改變居住環境，舒適溫暖的家是你最後的退路。換掉拖累你、潑你冷水的朋友，接觸的人不一樣你也會變得不一樣。換個有前景的工作，更優秀的同事會改變你對職場的誤解。或者是離開不愛你的人，不是活著單身沒意思，而是窮著吵鬧才沒意思。

一個可以管控好自己情緒的女子，不多言，不攀附，不將就，一笑而過的豁達裡，是嘗遍了世態炎涼也願意待生活如初見。能管控好自己的情緒，你的生活就是美好的，能控制好自己的心態，你就是成功的。

我前幾天把自己種植的各種綠色植物分享到社群動態，之前喜歡開花的樹，現在又愛上了多肉，家裡的浴室也盛開著玫瑰。有人說：養花種草是中老年人的愛好。我回道：女兒大學主修就是園林植物，近年很是熱門，你不知道現代人的情趣，只是因為自己老了。

眼前是一盆花，心裡卻是一片景。前一種是生活智慧，後一種是人生格局。

是不是別人眼中的好或是不好，這都沒關係，不接受的人會被我拋在身後，因為我更喜歡現在的我自己。當自己身上有了情趣和溫暖的光，自然會吸引志趣相投的人，你每天也都會有個好心情。

能管控好自己情緒的人都是狠角色，這也是生活賜予智者的一種超能力。

當你最終順了自己的心，而不是遵循生活的習慣，為自己選擇了方向與路途時，就不要抱怨。即使是在錯誤裡，你也要相信，你還有最後的自由，就是選擇自己面對這種錯誤的態度。

你做到了，就會成為一個有自控力的人，再也錯不到哪裡去了。

昨天朋友說心情不好，想喝下午茶，我問：「想去哪裡？」

朋友回答：「這幾天好冷，要找個花朵繁茂、溫暖如春的去處。」

於是我們去了四季酒店，那裡名副其實，花團錦簇，處處皆是風景。我們在日用必需的東西以外，還要一點無用的遊戲和享樂，生活才會覺得有意思。我們聽雨、喝茶、看大海、望明月，買不實用的花，吃不求飽的點心，也都是生活必需，雖是無聲的心情和無用的妝點，但越是簡單精練，越是能渡了人心。

我不是不好相處，而是不想和你相處

某個週末和女性朋友約會喝茶，他有個客戶忽然臨時說有急事，非要過來補簽個合約。我們也是在享受閒適，朋友就告知了自己的位置。

客戶一進門還沒來得及看看環境嘗嘗東西，就說我們被這樣華而不實的酒店騙錢了，然後就開始介紹起朋友開的餐廳多好。我打開網路查詢了一下，是網紅店正在做活動，去過的人如果再帶新人來，就會有折價優惠什麼的。我笑笑沒有說話，只是繼續喝著自己喜歡的茶。

原本以為女孩簽完改過的合約就會離開，結果他坐下一小時了還沒說一句工作的事，而是乾脆撇開我的朋友，和我們另外兩個女人聊起了穿著。原來女孩除了工作還兼職做某品牌服裝的代理，大概是在我朋友發的社群動態裡看到有幾個女人在聚會，馬上就意識到這是商機。

朋友幾次提醒那女孩這是自己的私人聚會，但他充耳不聞。他先是評論了我們各自的衣著打扮，然後就是要一一加微信推薦他覺得適合我們的款式搭配。我拒絕了這樣的微信好友，理由很簡單：「不需要。」

到了我這個年齡之後，很清楚自己喜歡的和需要的是什麼，對不需要的人、事和物，一點都不用將就。

女人們向我傾訴的種種煩惱中，大多是不會拒絕和離不開造成的。大學室友，辦公室同事，甚至是親戚朋友間，很多狗血的結局都和最初的不好意思說、最終又不會拒絕有關。

多年前我也常需要痛下決心去扔掉一些東西，大到一個人、一段感情、一場婚姻，小到一件衣服、一個號碼、一張照片。就像我燒焦了一鍋菜，當時使勁去剷除和刷洗，結果弄得鍋上的保護層傷痕累累。

其實用水浸泡一陣子就能洗淨，很多人事也是如此，時間之水可以讓一切無痕，只是需要等一等。可就是這段等待的時間裡，我們又可能因為各自的性格不同，或是解決問題的方式不同，把鍋扔掉甚至讓廚房一片狼藉。

不要把「某同學」、「某同事」、「某男人」太當回事，你當然要和別人友好相處，又默契配合，但這僅限於學習、工作和彼此相愛之中，除此之外你還要有不同的圈子情趣提升自己的格局，保持自己生活裡的好習慣。一個人過得也要像一座城池，看似安逸平和，實則風生水起，默默攻城掠地。

我看到太多想這樣又想那樣，但一想到獨立就退縮，一想到分手就痛苦，一想到離婚就害怕，一想到孩子就只能忍受的女人。看似對別人都有情，但唯獨對自己最無情，而一個對自己都不負責的人，不可能扛得起任何有情有義的事。

在你沒有能力的情況下，多情和多事對人對己都是一種多餘的負累。你不如無情一點，先修練好自己，你的多情才會因為具備價值，不容被任何人藐視，即使多事也能解決事，別人才會對你真正感恩。

幾年前M先生經人介紹加了我的微信，原本以為只是工作聯絡，但M先生還有別的意思，可就是不明說。他先是在我的每一則動態貼文下評論，沒幾天就下定論：「你是個難養的女子，需要很多的錢不說，還未必能做到讓你滿意。」

然後M先生就開始指教我的生活了。我喜歡皇后飯店的起司蛋糕，他說稻香村的點心才好吃。我喝了紅茶喝咖啡，他說咖啡女人喝了皮膚不好。我一個人去看電影，他說這樣的女人最可怕，不是太強悍就是太寂寞。我去餐廳飯店和女性朋友約會，他說就喜歡吃自己做的炸醬麵。我買了個包包，他說某地某市場某店做得跟真的一樣，專櫃賣的也是貼牌貨。

M先生並不缺錢，只是和我的生活習慣不一樣罷了。原本也沒有什麼，但他顯然要糾正我的習慣，包括我做什麼和吃什麼。他說：「到我們這個年齡就要養生了，你別太任性。」

現在年輕人都開始養生了，M先生已經算晚的，不稀奇。只是我是那麼任性才沒有活成別人想要我活成的模樣，現在的太任性都已經變成了別人以為我會哭，我卻偏偏在笑。

我不再回覆M先生的任何訊息，不涉及工作的事情一概拒絕，朋友名單也封鎖了他，免得我發表點什麼他看著氣不順，我的評論裡有人烏鴉嘴一般，什麼都要說不同意見。

不久，別人來跟我說：「M先生說你不好相處，他本來挺喜歡你、想要追你的，為你好，才跟你說了很多心裡話，你卻心高氣傲不接受也不搭理，固執的女人不會有男人要。」

我不是不好相處，而是根本不想和你相處。男人總是如此，喜歡動不動就指教女人，指不懂又教不了的時候，就說女人沒人愛也沒人娶，好像這就是對女人最嚴厲的「懲罰」了。

M先生卻從不來親口問問我，我要你要我嗎？感謝當年的不愛之恩，我的餘生都不用你指教了。

上了點年紀的男女最不擅長說「愛」，骨子裡全無幽默，黃色笑話倒是不少，說好聽點是內斂，其實就是虛偽。心中無愛嘴上就無心，刀子嘴後面是刀子心，沉默不是金而是明哲保身，沒有德行的人霸占道德制高點。

古人告訴我們，愛情是件難以啟齒的事。現代雞湯告訴我們，都過了耳聽愛情的年齡啦，陪伴才是最長情的告白。可身邊抱怨最多的卻是有家有室的，掀開那些所謂長情的陪伴，熱暴力和冷暴力，忍受的和不堪的，只怕沒有比不告白是因為根本無愛更可怕的同處一室了吧。

要麼愛，愛了就瘋狂，要麼不愛，不愛就堅強。拖拖拉拉，曖曖昧昧，甚至連「喜歡」都吝嗇說出口，等著別人去主動，這幾乎已經成了很多男女的通病。問其原因？怕受傷。

你愛過嗎？你真是愛過一個人，不論結局是什麼，你所謂的傷其實都是你付出的愛。你不那麼顧影自憐，你大氣點別太怪別人，就誰都不可能傷害到你。又有心靈土雞湯說：「愛裡誰先表白誰就輸了。」你不主動你就成「備胎」唄，都是不自信的人才不敢表白，都是沒安好心的人才喜歡曖昧。

愛，終究沒有什麼不可說，有時候我們依舊執著於愛的語言，是因為你擁有的我也擁有，你說得再對做得再好，也不如一直投我所好。

用我喜歡的方式相處，我們才能友好，你開心我也高興，用我喜歡的方式愛我，我們才有可能你想要的時候我也要。

人和動物最大的區別就是——工作

很多人都會問我此類問題：年輕的迷惘學業和工作上的艱難境遇，不再年輕的深陷婚姻家庭的瑣碎，前途未知並且自己充滿了恐懼，該如何做出選擇和改變？

今天我想講一個童話故事，給現實中那些孤獨堅守卻從未輕言放棄的人。

千尋是個未成年的小女生，父母是普通的城裡人，在搬家的路上誤入神界。鬼氣森森的街上，父母因為貪吃奉獻給神明的食物，被變成了豬。千尋只能自己照顧自己，並且要想辦法救出父母。

很多父母因為自身的缺陷，註定要被社會逐漸淘汰，我們能夠依靠的只有自己。

而神界油屋的天條，就是每個人都要工作，不做事就會被變成豬。千尋為了能留下來，在白龍、鍋爐爺爺的幫助下，不得不去找油屋的主人湯婆婆謀求一份工作。

這其實也正是我們生活的社會現狀，變豬意味著輕鬆的生活方式，追求輕鬆的人可以說比比皆是，他們要走捷徑，只想享受，卻忘了沒有夢想和努力，生活就不再是生活，而是豬圈。並且，吃太胖了還會被更快殺掉。

千尋見到湯婆婆就說：「請讓我在這裡工作……」結果嘴被湯婆婆用魔法黏住了，他罵道：「你又任性，又愛哭，又笨，到底能做什麼？」

但千尋知道自己一定要活下來，活下來才有機會救父母。所以他忍住所有的恐懼，只是一再懇求：「我想在這裡工作。」

對於必須要有份工作養活自己的大部分人來說，憑藉信念在黑暗中奔波，也應該是種本能才對。不然又怎樣？你又不是富二代，父母就算富養了你也已拚盡了家底，甚至也像千尋那樣，父母還要依靠你救護。

我們身邊的職場人幾乎都有夢想，但最缺的就是這種堅持。工作一不順利就想跳槽，可跳到哪裡都一樣，不踏實努力還是沒有機會。有些中層主管不能容忍新人的能力超過自己，你甚至都不敢為了夢想堅持到底。

千尋卻一直堅持著，最終得到了工作的機會，或許是很多人還都不如他那般絕望吧。即使如此，千尋和湯婆婆簽工作契約的時候，自己的名字也被奪走，從此千尋只記得自己叫「千」。

沒有工作的人，或是還沒有為自己贏得社會地位的人，是沒有尊嚴的，甚至連擁有自己名字的權利也沒有。神界的天條，不也是我們這個社會的遊戲規則嗎？

沒有工作也就不獨立，不獨立的人沒有能力負責，也就不可能被尊重，連活著都是一份等待施捨，或是睡在豬圈裡的樣子。生活中喜歡抱怨或是訴苦的人中，大部分是根本不工作，或是被孩子家庭之類的瑣碎弄到不能好好工作的女子。即使是不缺錢的家庭，女人也因為錢不是自己的而變得更不獨立，或是更矯情是非多。

人和動物最大的區別就是工作，當你以一種不工作不努力也要享受的狀態，或是心態去選擇自己生活方向的時候，此生都將和被尊重漸行漸遠。

千尋努力且卑微地工作，換得了在神界暫時棲身，面對大家都躲著的來洗澡的腐爛神也全力以赴，幫助祂洗乾淨了汙跡惡臭。

原本清亮的河神被人類汙染成了「腐爛神」，河神大笑著離開，在地上留下了金砂和一顆神奇藥丸給千尋。千尋因為敬業得到了大家的敬重，湯婆婆也表揚了他。

「這是我的工作，再辛苦也要堅持。」我們中很多人都做不到這一點，所以從沒有開心的工作，更不會有滿意的收入，也不能談得上格局和成功。

油屋裡的每個人都在忙碌地工作，同樣反映出人類社會最真實的一面，他們也貪婪、市儈、功利，湯婆婆對自己的孩子也溺愛、無底線、無原則。與其說千尋誤入神界，不如說他提前走進了成年人的世界，並且背負上了拯救父母和朋友的責任。

即使恐懼、辛苦、孤獨，千尋的堅持換來了朋友的幫助，包括湯婆婆的姐姐錢婆婆，一位善良的魔女。最後在眾人歡呼聲中，千尋解救了父母，返回了人類世界。

千尋代表著每一個剛踏上社會的年輕人，來時你可能膽怯軟弱、笨手笨腳，但成長是無法停止的旅程，上路了只管走好每一步。

面對名利、物質的誘惑，試問自己會如何選擇？倘若不如千尋能看得清父母因為貪婪而變成的樣子，我們不知對錯，隨波逐流的時候總是少了抉擇的艱難，卻也失去了自己想要的方向。

不管前方的路有多苦，只要走的方向正確，不管多麼崎嶇不平，都比站在原地更接近幸福。希望每一個選擇都不要違背你少時輕狂卻純真的初衷，不知道路將去何方沒關係，**重要的是我們已經在路上**。好的人生都是如此，一樣樣試出來的。

千尋也代表每一個在情感和婚姻中困惑迷惘的女子，很多痛苦不堪都源自不獨立，甚至是沒工作沒錢背後的不被尊重和不被重視。

你現在唯一能做的就是先去改變自己，不要再被所謂的現實束縛手腳，不工作不賺錢不好看還找藉口。

一個成年人不能養活自己，甚至在很窮的情況下又去和別人結婚生孩子，知不知道這本身就很不負責、很丟臉！

每天化個淡妝，穿上喜歡的衣服上班去，不羨慕誰，不抱怨誰，也不依賴誰，只是悄悄努力，默默攻城掠地，改變不了別人就先去改變自己，努力活出自由的模樣。

自由不是你想做什麼，就去做什麼，而是你不想做什麼的時候，就可以不做什麼。不工作會被變成豬，吃太胖會被殺掉，言簡意賅直白爽快。自律才自由，自由即美好，願我們出走半生，歸來仍是少女。

一刪帳號，便是永別

露露在大公司工作，社群朋友裡有很多全國各地的同事，也免不了就有幾個「戲精」，有點什麼都發社群動態，給同事看，更是給上司看。還有位號稱「健身狂人」的女同事，今天又發了張「馬甲線」的半裸照，可肚皮上除了兩道橫著的救生圈褶子，其他線蹤跡全無。

露露很為自己的這種「社群動態」煩惱，大部分不是朋友，而是同事，看到別人做戲拍馬屁來氣，自己又不屑於同流。即使是因為工作聯絡方便，但也還有郵件和工作群組可以及時溝通，而那些不是朋友的社群動態，或是不是生活的炫耀比較，一刪了之最乾淨。

發達的網路便捷我們生活和工作的同時，也必然會有人用隱私博取眼球，自己的隱私也難免有外洩的可能。如果因為工作關係不得不加，其實是完全沒必要私下關心注意彼此生活的同事客戶，就索性別發私生活到自己的社群動態，或是加的時候就封鎖彼此的動態。

我的社群動態裡都是朋友和家人，要麼不發，發了也不會招別人討厭。週末節假日，享受獨處時光的時候和陪伴家人的時候，根本不會去看手機或是關心別人的社群動態。如果我們能真正專注生活的最美瞬間，即使風雨欲來也能讓自己處變不驚，很快調整情緒，沒事不惹事，事來不怕事。

很多時候，你不好奇和管住嘴就會少是非，如果還做不到心境雲淡風輕，不見和不賤，就是最有用的相處藝術和生活智慧。

薇兒和男友的分手說起來是自己很痛苦，大學戀愛三年，工作後又斷斷續續、分分合合四年，但始終到不了談婚論嫁的地步。目前又分手一年了，但兩個人還留著各自的社群動態，甚至有時候前任發了什麼成了薇兒的睡前故事。

他總是忍不住去關心注意前男友的一舉一動，還有他這幾年中幾個新歡的情況。其中有一個曾經是薇兒的熟人，碰巧也加過社群好友，於是薇兒的生活中又多了一項內容，就是追蹤前男友的新女友們。

愛，早就沒有了。前男友最近幾年和薇兒在一起的時候也沒有消停過，動不動就離家出走，把分手當歌唱。剩下的，不過是薇兒的不甘心，畢竟是七年的時光。薇兒走到了二十七歲的新年，卻還在繼續浪費時間。

年後薇兒去新公司上班了，終於換了個收入和前景都更好的工作。他在辭職和不辭職之間糾結好久才做了決定，以至於新工作還沒開始就已經覺得疲憊。我說：「你請原來的同事吃頓餞別飯吧，做個正式點的告別。」

週末的深夜，他打來電話給我，餞別飯中原先的主管和下屬對他工作能力都大加肯定，讓他對去新公司更加自信。而且大家酒後吐真言，讓自己覺得前面七年每一天的努力和付出都是值得的。

我又說：「你現在再把前男友所有的聯絡方式都刪了，並且把他封鎖，去年的衣服和工作都已經配不上你了，更別說一個已經用了七年的男人。」

我記得，那晚薇兒在凌晨的時候，發微信來給我：「刪了，封鎖了，這一次，不用再告別。」

不說再見，才是一種真正的離開。沒有比具備儀式感的離職和分手更完美的選擇了，正式結束才會正式開始。

我們總是在最好的時光遇到錯的人，誤導過多少不願自省的心？推卸責任逃避問題的根源，是不成熟的表現。我倒是覺得「因為遇到了你，我才有了最好的時光」，具有生活的氣息，才是愛情和婚姻正常的狀態。

時光總是在變遷，我們長大了或是成熟了，變成了更好的自己，抑或是自己曾經最討厭的人，人不同，情就會變淡，直至消失不見。有些人選擇忍耐是一種活法，有些人選擇離開是一種追求，但不論哪種都一定不輕鬆也不容易。**生活大抵如此，得到一些就會失去一些，不可能兩全其美。**

我有時候也會因為感情不順，萌生出嚴重的挫敗感，暗自神傷難以自拔。但走過長長的一段歲月後，我發現每個年齡段的我都是不同的自己，情感上的需求也不一樣，曾經步伐一致的人此刻有可能落在後面，或是走上另一條路。

我曾經「圍剿」過前任，當時以為是因愛生恨，但多年後再看，都是因為自己不甘心以及對未來不確定性的害怕膽怯，和前任本身沒有關係。一場分手弄成了死別般的山崩地裂，其實誰離開誰都不會死。

再後來我又發現，**就算沒有遇到願意相伴的人，也可以憑藉自己的選擇和堅持，把一個人的日子也過成最好的時光**。這樣的時光不會因為某個人的離去而消失，再深的傷痛都能用自己的雙手撫平，慢慢了無痕跡。

那一天，男人問：「為什麼要離開我？」我說：「因為我不愛你了。」

他又問：「為什麼不說再見還封鎖我？」

我說：「因為我曾經愛過你，不會是仇人也做不了朋友。」

用決絕的方式結束一段情感，那是愛過和聚過的證明。你不那麼怪對方，也就不至於絕望和傷心了。

離別本身並不會讓曾經的情感蒙塵，只會讓我因此有了更成熟的眼界和格局。我相信一見鍾情，並且了解真愛永存，我也相信有些友情陪不了多遠，路不同了就會散，一切都逃不過緣起緣散。

因為如此愛過，現在也一直在愛，所以我也是個任性的女子，不將就情感、不委屈生活、不原諒背叛，永遠主動選擇，也能咬牙承擔。

我們終究會懂，愛與不愛，有時候只是需要你做一個決定，然後一刪帳號，便是永別。弄丟了我，網路上也找不到。

然後換上漂亮的衣裳，化了淡妝出門上班，或是去看場電影。好看的姿態就是對生活最大的敬意，自己的痛苦唯有自己有能力消釋，當現實赤裸裸地告訴你必須面對的時候，除了微笑只能微笑。

要做那種暗含力量的女子，表面波瀾不驚，不與任何人爭，背後拚盡全力活著的姿態，是一種對生活充滿敬畏的堅守，沒有人會比這種暗含力量的女子更懂得情感和生活。

所謂敬畏，就是克制，對人對事對愛對錢，適可而止。

再多的聰明和語言都抵不過對生活的一點敬畏，這足以讓我們能夠好好活著，如果你能保持自己好看的姿態活得有價值，生活自有獎勵。

有些離開我們無須說再見

年輕時的離別大多是任性和淺薄導致，為爸媽的一句重話，為同學的一次無心，為男友的不解風情，為考試的一回失敗，甚至是大學裡根本就不會有結果的戀愛。

長大後的離別反而變得悄然無聲，甚至根本不需要說什麼，只是不想見了，最好此生都別再遇見。我們就只是默默刪除所有訊息，扔掉一切相關的物品，甚至換個工作，搬個新家，買輛新車用個新牌，再新換一票朋友。

我知道，這才是一種真正的離開，不需要說再見。成年人的情感中，不論愛情還是友情，其實都沒有修復一說，傷了就是傷了，你可以忽略傷疤的難看，或者選擇離開不見，但你永遠做不到恢復如初見。

我認識林琦的時候是十年前，他剛剛再婚，是他的第二次婚姻，之後他跟先生去了他的家鄉，一個生活安逸的內陸小城。我偶爾會在微博上看到他幸福的小日子，自拍中的他也一改當初京城女漢子的模樣，一副小鳥依人的樣子。

然後我有好長一段時間沒見過他的蹤跡，忽然接到他電話的時候，他說自己已經回北京一年了。我們七年沒有見過面，時光卻並沒有在他的臉上留下太多痕跡，我反而看到了一種更淡然的美。

他離婚後再回到北京，工作和生活都穩定了才和朋友聯絡。我大概猜得出他的經歷，但他隻字不提過往，只是說：「前任並沒有傷害過我，他們愛過我，又都以婚姻相許和青春作陪，沒有相伴到老是我自己的選擇，和別人無關。」

我見過太多號稱被別人傷害或是迫害的人，愛情和婚姻在某些人眼裡幾乎成了工具，生存和生活也彷彿成了自虐神器。林琦不是那種美若天仙的女子，但他在愛中日漸變得寬容和漂亮起來，抵過了歲月也終是因為內在的美好，讓自己的外在也容不得別人忽視和錯過。但還是有女人即使離開舊的生活，也不會活成新的樣子，即使把外在的所有東西都換掉了，內在不懂改變也照樣活成了一個惡性循環。

我會離開這樣的一些舊愛和舊相識，而且不說再見。

多年前我看到過愛芳最不堪的時光，和男友分分合合幾年，最終在三十多歲還是沒遇到自己想要的男人，在懷孕的情況下先和那個根本不合適的男人結了婚。男人的寡母在產房外得知愛芳生了個女孩，轉身就走了，男人勉強留下也完全心不在焉。

接下來的日子可想而知，沒有照顧只有冷漠，然後就是吵鬧，餵奶的時候男人還在寡母的挑唆下動手打了愛芳。半夜他哭著打電話給我，問我該怎麼辦，我回答：「帶上孩子和家裡所有的錢先離開。」

愛芳研究所畢業，在北京有收入不錯的工作，這個年代和環境，我實在不敢相信這樣的一個女人身上還會發生如此痛苦的事情。果然是可憐之人必有可恨之處？反正愛芳當時並沒有那麼做，而是接著忍受他的婚姻。

接下來事態就演變成了兩個家庭的戰爭，鬧到了完全不像話的地步，孩子兩歲的時候他們還是離了婚。好在愛芳分到了一間房子，換了一個新家，也換了一個工作，父母幫著帶孩子。原本一切都該好起來對不對？但兩個人為了孩子接著吵鬧不休，無非是愛芳怕對方搶走孩子不讓單獨見面。前夫拒不支付孩子的撫養費，又把愛芳告上法庭要求探視權。愛芳當然打輸了官司，法院判決了探視時間，他也不履行，又把前夫告上法庭要求支付撫養費。

愛芳離婚後的幾年也是在吵架、去法院、上法庭、見面吵架、不見面發郵件吵架中度過的。每次愛芳看似來找我尋求辦法解決，但總是照自己的辦法去做。所有的東西都換了新的，唯獨愛芳自己還是舊人。再後來我刪除了愛芳的聯絡方式，即使是朋友，也不能總是看到負面訊息不時冒出來打擾平靜，他已經成了我過往生活中應該拋棄的一部分，因為我已經和幾年前不一樣了。

如果愛芳最終過上了他想過的生活，找到了他想找的人，他也不會再想把我當朋友，因為我看到過他最不堪最悲慘的過往，我也是他應該拋棄的一部分。

除了愛情分手和婚姻離散，我對生活中的很多種失去和離開都能釋懷，我不需要你了，你也不再需要我，終是沒有同路罷了。

科學證明人體細胞在不停新陳代謝，每三個月替換一次，舊的細胞死去，新的細胞重生。將全身的細胞都替換一遍需要七年的時間，也就是說，每過七年，我們從生理上來說擁有了一個全新的身體。你還是你，你也不再是你。

除了說「愛」，我也是一個有勇氣說「不愛」的女子。因為我確實會不再愛一些人，不再在乎一些事，每過幾年都會有新的事物讓我又開闊了眼界，有新的目標讓我再次熱血復活到年輕的狀態。我的生活和愛情也不存在一成不變，其中的人和事會被我主動選擇和淘汰，而不總是我被選擇和離開。我以自身的改變應對人生無常的瞬息萬變，反而獲得了不同的思考和收穫，發現了這個世界美好的那部分。

凡是能讓內心變得豐富的事情，即使強迫自己，也要多去嘗試，狹隘、自私、懦弱、糾結、比較和矯情，全是因為世面見得太少。你至少應該變得豁達一點，就會懂得退一步海闊天空，不是忍氣吞聲，而是換一條更適合自己的路去過想過的生活。

人生的種種苦痛或許無法避免，但至少我們還是可以選擇重新輕裝上路。這也並不耽誤我們和相愛的那個人一生一世，只是要學會和接受改變，或許這樣才是為了更好地抵達。不管怎樣，能夠失去的人和事，其實從來就不是真正屬於我們的，無須難過，不必惋惜，不如拋開負累和放開手腳去爭取自己可以擁有的，匆匆而過的都應該匆匆忘記。

是的，我們再也回不到當初。**不說再見，就是不需要再見了。所有不能成就我們變得更好，又不能使我們快樂的人和事，都是負累。**

Part 4

這一刻的情調，無關風月

生活從不會辜負那些快樂又美好的人生，
我之所以信任別人是因為我一直相信自己，
我之所以努力是要成為這個世界美好的一部分。

低端產品和高端產品

童瑤是個愛打扮也愛網購的女孩，據說總能找到又好又便宜的東西，能夠穿得漂亮價格不貴是好事。女人的服裝淘汰率很高，去年的未必就能配得上今年的自己，在價格上能選到不貴的也是好事。只是童瑤常常把購物過程弄到更複雜，購物的樂趣被彼此的負評終結。

童瑤為五十九元人民幣的小白鞋穿了磨腳，負評。為八十九元人民幣的牛仔褲褲腿歪了，負評。為一百一十九元人民幣的羽絨服鑽毛，負評。為三百九十九元人民幣號稱是代購價的牛仔外套是假貨，負評。我問：「這個品牌的線上商店和專櫃賣三千九百九十九元人民幣，你相信三百九十九元人民幣的是代購？」

童瑤說：「反正我看到同事買了一件，品質挺好的，你也別老是相信專櫃就都是真貨好嗎？」我無言以對，買廉價或是假冒的產品還要談品質，品質實在說不過去的時候就以對方是假貨為由退貨，或是給負評。

前不久，童瑤的手機被打爆了，據說是賣家要求取消負評，但童瑤死活不同意，原因就是為了一雙幾十元人民幣的涼鞋。

某天童瑤問我一款裙子的品牌，正好有網路旗艦店我就發了連結，然後就收到他連著發來的幾個連結，價格從十分之一到二十分之一不等。賣家都是口口聲聲代購或是媲美原版，甚至還有買家在評論裡異口同聲地說是「正品」，童瑤當然買最便宜的。他還會同時買兩家的貨挑選，品質太差就退貨，於是退款糾紛不斷。

曾經認識十幾年前就開始做廉價女性產品的生意人，銷售的價格大多不超過兩百元人民幣。他說：「廉價的布料和廉價的代工才能做出廉價的產品，既然賣不貴就只能偷工減料粗製濫造，仿一個大概樣子罷了。開網路商店的時候一個月幾十個負評很正常，爛貨只會吸引一些爛人，自己買幾十元人民幣的冬衣也給負評。」

品質就是品質，這方面衣服和人一樣。一件好衣服貴在設計、布料和版型上，一個優秀的人貴在穿著、言談和品質上，模仿和假裝終究是不像的。

沒人說節儉是缺點，但一定和時代有差距，在我們每個人都要在現實社會中穿行生存，外觀的亮麗光鮮也關乎第一印象和個人風格。不能說以貌取人就都是錯，因為細節決定成敗中也包括品味修養，而修養不只是貧窮和節儉的產物。

如今的社會風氣之下，貧窮和節儉往往會讓你整個人陷在廉價和戾氣裡，遇到的自然也都是同一類人。

美芳的青春從結婚後就戛然而止，用他的話說是被家人逼著才結了婚，但婚後的生活一點也不是自己想要的。有了孩子更是陷在經濟窘迫裡抱怨連連，認為是自己男人沒本事讓老婆過好日子。

他的老公，真的是沒這個本事。國中畢業後在修理廠打工，還沉迷網路遊戲，父母開了一家小超市，在小城不過剛夠生活罷了。美芳產假一過就被私營工廠辭退，婆婆忙著開店不能全職幫忙，他只能賦閒在家帶孩子。公公在外還有個小三，家裡一直吵鬧不休。

美芳老公嫌家裡不安寧，早就習慣了泡網咖，本來也是三班制的工作，有了孩子更是如此，根本不顧及老婆的感受。美芳鬧得狠了，就連性生活也停擺，冷暴力讓家庭冷若冰窖，結果孩子兩歲了還不會說幾句話。

美芳想要老公洗心革面，換收入好、不用值夜班的工作，對孩子盡責幫忙照顧，還能家庭幸福公婆不吵架。他問我：「能實現嗎？」

我搖了搖頭。

美芳老公無論家庭出身和個人素質，都屬於「低端產品」，談品質都是白扯。至於改變？他從未要改變啊，都是美芳一廂情願。

在我們眼前能過的生活和將來想過的生活之間，是需要時間去實現的，除了有爸媽可依靠，不然誰都得老老實實在各種夢想、各種出遊、各種大格局和人脈之後，回到辦公桌前賺取養活自己的薪水。不然你也只能和自己同層次的人過將就的日子，又因為孩子，將就不能將就的婚姻。

麗娜倒是不將就自己的那一類，在婚戀中挑挑撿撿，也快到三十歲了，嘴上說要人好，實際是非有錢人不嫁。去年國外回來的親戚介紹了一位公司高階主管給他，家世和收入都很好，麗娜也被對方的帥氣高大吸引。麗娜工作收入一般，但擁有漂亮的臉蛋和身材，男人表示願意相處。

因為男人的條件搶手，麗娜免不了著急想結婚，於是使出了大招。男人在國外留學多年，喜歡去一些西餐廳和咖啡館約會，可去了不到幾次，麗娜就拉著男人非去路邊攤不可，說是吃得順口就行，沒必要亂花錢，在北京買房子付房貸很辛苦。

男人請麗娜去大劇院聽新年音樂會，從進門到散場，麗娜說得最多的就是價格太貴，一點都不值得。對男人送花到公司這件事麗娜很是得意，但為了在他面前表現自己是個會過日子的賢慧女孩，他讓男人把買花的錢轉給他，他可以幫著理財。

男人喜歡打網球，也幫麗娜辦了一張會員卡，可麗娜一看一年兩萬多元人民幣的價格，硬是把會員卡退了，說公園裡也可以打網球。交往了三個月，麗娜就開始有意無意地說想結婚了，還特意強調自己家鄉嫁女兒是要聘金的。每當麗娜說「錢、錢、錢」的時候，男人只是很禮貌地微笑著，並不回應什麼。

又過了一個月，男人就不再聯絡麗娜了，麗娜追問：「為什麼？」人家被問急了才回覆：「我想找一個能一起享受生活和愛情的女朋友，而不是只考慮錢，就把一切樂趣都抹殺了。」

事後親戚說：「人家是學經濟的碩士，你是個學中文的大學畢業生，要你理什麼財？人家不缺錢，也願為你花錢讓自己賞心悅目，要你省什麼省？」

麗娜很委屈：「我這不是不想讓人家覺得我虛榮難養嗎？」

親戚回答：「那你的聘金倒是沒少要啊，根本就是心口不一，和高端產品總是談錢，你是不是傻？是他老婆都沒必要那麼省！」

承認自己喜歡錢又不會死，會賺錢也會花錢更是女人的生活能力和情感智慧，說自己看不上錢淡泊名利的人大多都沒錢，這不是知足常樂而是庸碌和虛偽。當我們有錢了再說自己喜歡錢的時候，是一種沒錢時根本理解不了的坦然和歡愉。

面對真正的好東西我們卻嫌貴，要麼是自己還不夠喜歡，或是自己配不上罷了。

一分錢一分貨，買東西的永遠精不過賣東西的，你以為占得便宜或許都是坑。物和人都是如此，你是什麼人就會辦什麼事和遇什麼人，喜歡好的沒錯，自己不好遇到好的也留不住更沒錯。

辛苦和回報成正比，追求越高，過程就越殘酷，你配不上自己的野心，也會辜負經歷的苦難。想過上自己想過的生活，或是每年都過得好一點，終究是一場自己的戰爭，註定需要單槍匹馬，默默攻城掠地。

一日三餐也需要有儀式感

小時候有記憶開始，吃飯就是家裡一件重要的事情。母親總是清晨去買菜，他說：「那個時候的菜最新鮮，帶著泥土和露水的味道。」

父親是家裡的大廚，他說：「做一桌好飯看到你們吃得滿心歡喜，就是我最大的幸福。」

我們家做飯、做任何好吃的東西都是父母一起動手，吃也是一家人到齊了才會動筷子。不在吃飯前生氣吵架，更不會在吃飯的時候教訓孩子，因為媽媽說過：「要開開心心吃飯，有營養還不長肥肉。」

幼時父母因為工作原因輾轉各地，但每到一處都有一桌子好飯，這件事他們從不湊合。而且每逢節日我們還會吃到應景的美食，冬至的湯圓咬開一口，拌了豬油磨碎的黑芝麻晶瑩剔透，清明節前的田螺塞肉，春天裡的醃篤鮮，秋天裡的菱角、雞頭米等等。

端午節的粽子也要耗費父母好幾天的時間，在南方用竹葉，到北方用葦葉，父親會先把葉子泡在木盆中清洗，蒸煮後才能使用。母親用蜜棗、赤豆和鹹肉包出好看的粽子，用不同顏色的絲線纏繞區分餡料不同。粽子要煮上一個晚上，兩個人輪流起來翻動照看，早晨我起床的時候，已經滿屋香氣。

我們家姐弟妹三人，父親一邊要照顧自己家庭的衣食周全，每個月還要省出錢寄回家幫助爸媽撫養同父異母的弟妹。但我們即使跟隨父母輾轉大山深處，也會在春節的時候收到祖父母寄來的桂花糖年糕。

父親是整個家族中孩子們最喜歡的人，記憶裡大多是他休假回家帶著男孩女孩們去買吃的和做吃的，樣樣精緻件件美味。他也是最寬厚大方的長輩，每個人都記得父親的好。所謂家風，也就是在這一點一滴的生活裡，帶著柴米油鹽的煙火氣，卻又清新雅致得不容侵犯和動搖。

父親去世後，母親幾乎不再做吃的，那一顆顆端午的粽子讓我垂涎許久，但母親搖了搖頭說：「沒有你爸幫忙了。」一起做飯和吃飯也是他們沉默卻堅貞的愛情。

再後來，會做一桌子好飯也成了我的優點。葷菜以魚蝦為主，少量雞肉和牛肉，很少吃豬肉，每餐都有蔬菜，而且吃蔬菜多過米飯。家裡的飯碗都是最小的，要麼乾脆不吃主食，要麼每餐一小碗，再好吃的菜也不會多盛一口飯。

花兩個小時認真做好一頓飯，哪怕只有一個人也用漂亮的碗盤盛了細嚼慢嚥，要好好照顧自己，胃裡暖了心才能安。有家人的時候一定要等在一起吃飯，廚房是家初始的地方，而餐桌也是表達愛意的方式。

充滿煙火氣息的家庭培養出的自信度與幸福感，最終會讓我們變得非凡。

母親說過：「吃上不需要省錢，吃頓好的，你的人生觀都會改變。」人生觀就是我們立身處世的一種態度，父母用實際行動告訴我：「做飯吃飯裡也有情趣與見識，選擇什麼樣的食材，就是在選擇什麼樣的生活方式。」

當你真正走進吃這件事，也就真正走進了生活，當你選擇了做更好一點的人，你想過的有品質的日子也就快來了。這是見識。會做飯的人都自帶光芒，在照顧好自己的同時，如果我們也有能力照顧別人，幸福的味道也就傳遞開來了。這是情趣。

陌生男女能不能相處下去，吃一頓飯就看出來了，因為吃飯的習慣和對食材的喜好，都透著一個家庭的教養和層次，飯沒吃完門當戶對這件事就已經一清二楚了。

生活裡說自己是「吃貨」的人越來越多，但真吃貨卻越來越少。吃貨也要具備吃貨的能力和精神，必須心明眼亮真正了解食物，從食材到做法，從價格到環境。對真正值得的美食要珍愛有加，不要為價格糾結抱怨，好吃的就是值得的。美食家和吃貨是兩回事，吃貨和亂吃也是兩回事。

在家吃早餐，遠離早餐店，你不知道吃下的是什麼肉和什麼油。不吃廉價甜品蛋糕，幾塊錢人民幣一杯的奶茶裡，沒有奶也沒有茶，你喝下去的多是人造食品添加劑。拒絕垃圾食品，不暴飲暴食，你深夜在社群動態滑的都不是美食，全是寂寞。

不會做飯的吃貨，很容易就墮落成了飯桶，除了美味的誘惑，研究食物的來源也是一種樂趣。採購過程更是一種學習的過程，包括產地、口味、做法和搭配，我了解這個城市中各個超市和菜市場的貨品，一些特殊的食材或許要跑到很遠的地方才能買到，但我從不會覺得這是在浪費時間。

吃點好的，你的人生觀都發生改變，當你對美好的事物有了更多的嚮往，就不會再縱容自己在變形的路上辜負年華了。會做點好吃好喝的，你也能發出光芒，用最新鮮的食材照顧好自己的身體，這是最強悍的生存技能。

生活中充滿了忙碌和焦慮，大家都藉口忙就忘記生日，忽略節日，淡漠親情，應付友情。一個人吃飯就湊合街頭垃圾食品忽略健康，兩個人為了房子孩子就沒有了值得紀念的日子，很多人住在外觀高檔的公寓裡，房間內卻亂到腳都插不進去，偌大的屋子沒有一點生活的氣息。

廚房中的餐具五花八門什麼能裝就留著什麼，臥室的大床上鋪著分不清顏色花紋的東西，餐桌閒置不用堆滿雜物，一家人拿著不同的碗碟對著電視機吃飯。大家又都在抱怨工作不快，生活無聊，情感平淡，卻又不會好好吃飯，沒有一點情趣，對自己的粗糙視而不見。

你匆忙趕路，必會錯過風景，你缺少敬畏，必會被生活所困，放縱的人生終究是失敗的。

我對一起吃飯這件事珍愛有加，不會和不熟悉的人約飯，只會為家人做飯煮湯。一個人去喝杯咖啡也會盛裝出門，那是屬於我的時光，每一次都值得笑顏以對。在北京這樣一座中西方文化交匯的大都市裡，我還會和家人一起尋遍大街小巷裡的美味美食，然後再約上朋友去品嘗。

看起來每個人的每一天都大致相同，但有些人卻精心地去讓其中的某些日子變得特別，或是不同起來，這就是有儀式感的生活。

遠處的是風景，近處的才是人生，要盡量讓自己和身邊的人因為有趣而快樂，因為快樂而豁達，因為豁達而強大。

今年我和閨密去吃湖南菜，我最愛剁椒魚頭。這個週日我還有朋自遠方來，只為了赴一場下午茶的約會。

你有沒有為一種美食、一場花事、一個兒時夢想，甚至是一本書中的幾行字，就奔赴過一座城？

學會斷！捨！離！

斷：不買、不收、不拿、不搭理自己不需要的人和物。

捨：處理扔掉堆在家裡沒用的東西，經常為你帶去傷害和困擾的人也應該捨棄。

離：抽離對物和人的迷戀，讓自己處於舒適自在的空間和輕鬆溫暖的情感氛圍。

而這樣的捨棄中，除了廉價的、便宜的，也包括你現在並不需要的昂貴的、稀有的，都應該放棄和放手。能夠按照自己的需求去判斷某件物品和某個人是不是自己想要的人才夠強大，當然也夠自信。

斷捨離的精髓在於，要完全以自己為中心，斷捨離的主角其實也不是物品，而是自己。

斷捨離對我們這些普通人來說有著不可思議的作用，它改變的不僅僅是我們的居住環境和情感狀態，也能幫助我們整理和清掃出簡單有益的人際關係，意識思維和生活品質就會在這個過程中發生不知不覺的改變。

做不到及時斷捨離的人，一部分人出自經濟上的壓力，一部分人出自生活習慣的懶散，還有一部分人則是因為情感不獨立造成的盲目消費和依賴。

用買買買來化解不開心，用無節制吃吃吃來抵消各種壓力，用放縱追劇看影片來打發時間。在女性經濟能力普遍不高的情況下，買買買帶來的就是家裡成堆的折扣衣服和廉價物品，在換洗、保養和清潔上都產生負擔，整個人也陷在低層次裡蛻變成被嫌棄的黃臉婆。

吃吃吃則大多是些垃圾食品和路邊速食，身體內過多的脂肪堆積會讓你更加懶惰、貪睡、不想運動，惡性循環。健康也會因此每況愈下，年輕人沒有年輕人的樣子，沒老的也是老態龍鍾的生活狀態。

追劇看影片則帶來更多垃圾資訊和垃圾情緒，讓人負能量爆炸，對家人或冷漠或暴躁，對外人則充滿敵意，看不得別人比自己好，卻又無力改變現狀只能一直逃避。

現實的困境和戰場上的子彈一樣，是躲不掉的。要麼想辦法先幹掉對方，要麼就是被對方幹掉。

怎麼不買、不收、不拿、不搭理自己不需要的人和物？

比如我們去超市購物時，經常會遇到買一送一之類的促銷，有些物品直接在上面用膠帶綁縛贈品，比如一包豆沙包贈一包白饅頭。而我會只拿豆沙包，因為我們家沒有人吃饅頭，拿回家也是一種浪費。

我不買過季的折扣商品，下一季常會有更好的款式。我也不喜歡收禮物，因為我有固定的品牌和喜好，禮物常常對我來說根本不合適，還是一種浪費。

我所有的人際來往都可歸為三方面：一是工作，我們只談合作利益；二是朋友，我們只分享生活；三是相愛的男人，我們只談情說愛過日子。

這期間，經過的和遇到的其他人都是生命中的過客，幾年同窗或是一面之緣最終都會擦肩而過再無可聊，不說再見也不去思量。

簡單，是最終究的優雅。

怎麼處理、扔掉沒用的物和人？

我曾經賣掉過水岸邊的房子，離開不愛了的男人，遣散了家中幾乎所有的舊物舊愛，包括這些東西帶給我的回憶。我只收拾了三個月內能穿得著的衣服，就去了另一座城市。

在那裡我又擁有了一座海邊的房子，慢慢去賺錢，再一樣樣把新歡買回來，邊走邊愛再遇一方溫暖的懷抱。就在這樣一個過程裡，我的生活狀態發生了改變，而我也擁有了新的狀態，我想過的生活和愛情也就來了。

你不美又缺錢，還沒有愛自己的男人，或許就是因為有個亂糟糟的房間，買一堆和拿一堆沒用的東西或是廉價的贈品，讓自己的外在和內在都流於粗俗。

你總是時運不濟、境遇不堪，或許就是因為你一下子想東一下子想西，以為自己無所不能，結果大部分時間卻是在比較、焦慮和失望中度過，甚至手邊能做的事也藉口心情不好而一件件耽誤，又一樣樣過得更糟糕。

如果你的現實境遇阻礙了發展，那就開始做最實際的改變，多微小的事情只要你堅持了就會發現，自己站在了最亮的地方，活成了自己曾經渴望的模樣。

要如何抽離自己對物和人的迷戀，讓自己處於舒適自在的空間和輕鬆溫暖的情感氛圍裡呢？

我相信只要自己不斷努力，總會每一年都過得好一點。所以我從不迷戀眼前的小成功小事物，反而會更加謹小慎微，在順境中也不得意，於是即使遭遇逆境也能做到不大驚小怪，不哭天抹淚而是默默度過難關。

大悲，領教人性深深的惡意，然後絕地重生，開啟愛怎樣就怎樣的快意人生。勝於跟不愛你的人和雞毛蒜皮的事，所造成的小哀小愁日日討價還價，大怨，讓自己也沾染上深深的惡意。

任何出色的背後，都必須戰勝過無數個艱辛。斷捨離才會讓我們放棄虛榮和比較，只專注自己喜歡和對自己好的人事，或是把安身立命的工作做得更好，這都能夠為我們換得幸福感和現實利益。

智商，往往是很多女性的缺點。同樣的問題，或是簡單的斷捨離，有些女人就是做不到，或是不會做，是從根本上缺失現代女性與時俱進的思維，還在處處依賴或是等著依靠男人去主導自己的生活和情感走向。

除去極少數先天原因，多讀書多思考多實踐，多努力多打拚多見世面，靠自己去獲得經濟獨立和社會價值，是女性提高智商並且最終擁有EQ的唯一方式。

而且勵志這東西也是有期限的，**不要期待一個刺激或是一次離散就能改變你。**一個人的動力到底還是必須源於自己，你只有不停換著方式激勵自己，直到它成為你生活和情感的一部分。

女人到了一定的年齡，就要把欲望和野心活到骨子裡，你收到的詆毀可能比讚美多，但這一切都會成就你自己精彩紛呈的一生。又有誰會去在乎那些生活失敗者的詆毀呢？

這樣才叫生活，你那樣只是活著

離開父母單獨居住。

從工作開始，不論原生家庭的條件如何，我們都應該離開父母單獨居住，真正獨立的生活，就是從有能力給自己一個家開始，然後慢慢擁有一顆強大的心。我們要對自己下狠手，狠狠雕琢曾經不美也依賴家人的自己，再疼再苦也是哭給自己聽，笑給別人看，拚到最後誰輸誰贏真的不一定。

我見過一個合租女孩的家，兩坪大的房間只有一個開得很高的小窗戶，卻被他擦拭得很乾淨。窗臺上的幾盆綠色植物各自妖嬈，幾朵花影映在小床上的牆壁上，那裡裝了個兩層小書架，放滿了女孩的睡前讀物。

女孩說：「像不像一幅畫？花影和書香伴眠安枕，媽媽說走到哪裡都要照顧好自己。」房間放著簡易衣櫃，底層擺放著幾雙乾乾淨淨的鞋，即使現在女孩月收入不到五千元人民幣，我也知道他正走在努力實現夢想的路上。

越早培養自己獨立和生活的意識越好，這是兩個概念，獨立的人不一定擁有好生活，而那些生活得好的人一定是獨立的。盡量不給別人添麻煩，別人也別來麻煩我，這不是冷漠，是成熟。

買房子和租房子選地段，了解週邊情況。

選擇房子一定要選地段，離上班的地方不能太遠，價格便宜固然重要，但每天把大量的時間浪費在路上，也是一種高額的人工成本，這要比金錢重要得多。不要選擇太偏僻的地方，人身安全第一位，如果是合租，當然要首選同性合租。

異性合租不是不可以，但如果你是剛走出校門走向社會的女孩，你根本無法應付其中的麻煩和危險。

要充分了解房子週邊的情況，比如公共交通是否方便，有沒有大型的購物中心，最好在不超過一公里的範圍內，以便你能在閒暇的時間買菜、逛街、喝咖啡、看書和看電影。工作再忙我們也要抽出時間享受生活的暖陽，週末更要放下手機，去過一個人的悠閒日子，或是兩個人的甜蜜時光。

地球離開你照轉，工作離開你也不會死，別人離開你或許活得更好，有時候我們遠沒有自己想像的那麼重要。

一個人，或是和家人一起好好吃飯。

「能認真洗衣做飯的人，都自帶光芒，沒有人照顧你的時候，你就要好好照顧自己，養好了自己的胃，你的心就有力氣去過你想過的生活了。」這是我媽媽當年告訴我的話。他從沒有說過我一定要嫁個男人有個依靠，而是一直強調我要擁有自己的能量與微光。所以不論何種境遇，哪怕身處暗夜，或是遭遇淒風冷雨，我都一直記得好好照顧自己。

美食美物都會讓人產生幸福感，哪怕再艱難的困境讓我累了倦了，我也要和家人坐在餐桌前，用精美的餐具共享早餐和晚餐，彼此支持等人生的晴天。

你要懂得，生活的遊刃有餘，其最好的表現方式是：內心柔軟而有原則，身披鎧甲而有溫度。

每月一次下午茶或是去咖啡館吃早餐。

我對喝下午茶這件事珍愛有加，即使一個人去喝杯咖啡也會盛裝出門，那是屬於我的午後。如果是和閨密約會，一定提前訂好位子，我重視每一次的約會和聚會，把出差也當成是旅行，所以才擁有了能看到美好的眼睛，能感受幸福的能力。

每個月還要安排一兩次去咖啡館、西餐廳之類的場所吃早餐，一個人或是兩個人，或許就是簡單的吐司、煎蛋、培根、果汁等等。走在清晨的風裡，坐在優雅的環境裡，吃什麼其實並不重要，重要的是我們享受這樣一個過程和氛圍，告訴自己原來還有這麼好的生活。

我相信自己值得擁有貴一點的東西，又明白了自己配得上更好一點的生活，於是更加努力從不抱怨，因為我及時擁有未曾辜負，那多付出和盡力拚就是應該。

調整生活的座標，經營自己的情感。

有些年我也一下子想東一下子想西，這山望著那山高，以為自己無所不能，結果大部分時間卻在失望、焦慮和倒楣中度過，甚至手邊能做的事也藉口心情不好而一件件耽誤，又一樣樣過得更糟糕。

生活和情感屢屢受挫之後，我終於開始反思，拋棄一切阻礙自己的情感糾結，重新調整方向和重心，只選擇自己最擅長的一件事堅持做下去，到現在找到了自己最想要的生活。有時候我們不是知道了才堅持，而是堅持了才知道。

如果你的現實境遇阻礙了發展，如果你的情感痛苦多過快樂，那就開始做最實際的改變，不一定非要做個決定，而是先從改變自己開始。就算生活殘酷效果緩慢，也不要沮喪和懈怠，哪怕是做努力爬行的蝸牛，或是堅持早飛的笨鳥。

我們都是這樣試著成長的，一路跌跌撞撞又遍體鱗傷，可堅持下去你就會發現，自己站在了最亮的地方，活成了自己曾經渴望的模樣，又擁有了讓身邊人也快樂幸福的能力。

經營情感也是我們經營人生的一部分，最好的情感狀態是彼此支持和彼此成就，如果一方拖另一方的後腿，一方改變另一方永遠不變，那這樣的情感關係最終都會成為我們的負累。

定期整理東西，用儀式感告別過去。

我把照片合影之類的東西都燒掉，電腦手機中的都刪除，他用過的毛巾碗筷和送我的禮物都打包，直接扔到樓下的垃圾桶。然後是兩個小時的大清潔，掃除了他在這個家裡的所有痕跡，這是某一天我決定和前任分手後做的事。

求愛需要一個儀式，不然那是輕薄；分手也該有個儀式，不然那是逃避。儘管這是個用電子郵件、簡訊貼圖、打個電話就可以說分手的時代，但我還是需要這樣一個儀式，和我曾經的愛做正式告別，然後永不再見。

要定期整理收拾東西，該扔掉的果斷扔掉，包括不能為家、為你做任何付出和貢獻的人！該買的東西要盡量買品質好的，非要退而求其次買回家了，過後還是會去買最心儀的那一個，久而久之，家裡就會多出很多你不喜歡的廢物。

我們只為值得的人赴湯蹈火，對閒雜人等別在乎太多，該扔的都扔掉，並且鄭重其事。不要忽略心靈的力量，儀式感其實就是在表達我們對生活的熱愛和敬畏，對困境無聲卻極富韌性的抗爭。

熱愛並且享受生活。

別再跟我說你有多想改變自己變美了，只說不做就全是你自己想得美。真正的改變都是從小事做起，先收拾清爽你的房間，培養對自己有益的興趣愛好，再精心挑選幾套居家服，窩在沙發上看書和追劇，然後化個淡妝，穿上裙子和高跟鞋去上班。

週末回家記得先去逛逛菜市場聞聞煙火氣，順便帶回一束鮮花送給又努力了一週的自己，當你的廚房也能綻放四季花影的時候，做飯煮湯都會變成一件愉悅的事。

快樂和幸福，真的不在於你是一個人還是兩個人，美和不美，真的不在於你是錢多還是錢少。別動不動就去人云亦云大格局，改變都是從手邊小事做起，做不到也變不好，大事你就肯定做不了。你、我、他，其實都過著同樣的日子，只是活得粗糙還是精緻，就有了兩種完全不同的人生，結局也會大相逕庭。

沒有前途的女人，沒有生活，只有活著。

你活得累不累啊

這幾天北京的氣溫已如初夏，傍晚的時候風就只剩下了涼爽的溫柔。和家人騎著共享自行車滿大街尋覓美食的時候，誤入使館區一條有著高大刺槐樹的小街。

春末正是槐花的花期，枝頭綴滿了一串串的清白花朵，香氣在微風裡如海浪般湧動著，每走一步，都是一種享受。

刺槐樹除了花蜜是極品，花朵也能食用，可以炒雞蛋，拌了麵粉蒸著吃也是帶著鄉野氣息的美味，是很多人小時候的美食記憶。

北京市區國槐種植得多，夏季開花，花型小巧香氣淺，不能食用。這樣的大樹型刺槐很少見，是最美麗的會開花的樹種之一。

我拍了照片傳到社交平臺裡分享，吃不到槐花美食，遇到了也是驚喜，為自己生活在一座有著無限種可能和美好的城市感動。

但有人評論：槐花是寒性食物，生理期來了絕不能碰！我聽一個姐姐說的。槐花的花期不長，食用則是花蕾含苞的時候最好，都開全了香氣也就散了，就算守著一棵槐樹我們也吃不了幾天，「大姨媽」一個月就來一次。何況，我就是發了個社群動態，沒在大街上爬樹摘槐花回家吃。

那只是一處風景，讓我快樂的地方，卻說得好像我要去吃毒藥似的。

我們常常會遇到這種人，且不說是不是專業人士，反正就是你吃的什麼都說有害，你穿點什麼都怕著涼，你有個什麼樣的男人對方都不滿意，你說什麼做什麼都說你這不好那不好，我發個下午茶也擔心我是不是吃了會發胖。

你要是表現出無所謂，那邊立刻會跟你急「我是為你好」、「不識好人心」。即使是好話，說出來也是煞風景，甚至不能好好說，唯恐別人不知道自己賺著賣白菜的錢，卻天天操著賣白粉的心。

生存不易，生活瑣事，都像你如此操著別人的心，你活得累不累啊？

道聽塗說，也是很多人生活的陷阱，其實聽到的事情是不是真的都不一定，但有些人聽了就會信，又會為此預支煩惱，讓現在的每一天充滿焦慮。大到聽信謠言去搶購食鹽板藍根，這不能吃那也不敢吃，自己活得卻不見得就是最健康，小到不敢相信任何人，自己的人際關係混到寸步難行。

話太多從來就不是什麼優點，特別是那種對人不對事的挑剔指責，對不熟悉的人來說是莫名其妙的反感，對朋友來說是不能接受的尷尬，對情人來說更是不尊重。就算是真話，有些場合和有些時候說出來也會很刺耳，就更別提那種自以為是的「真話」了。

季羨林說過：「假話全不說，真話不全說，這是修養也是禮貌。」當我們不願打擾人家的興致喜歡，又不願意說謊迎合的時候，沉默本身就是一種尊重和修養。

別活得那麼較真和較勁，你甚至根本走不進人家的圈子，最累的就是你自己了。

橘子有位「男閨密」，兩個人好到無話不談，去年合租在一起，但據說是像兩個女人一樣生活，毫無肉體瓜葛。其實橘子暗戀這個男生很久，最近才終於有了接觸的機會，他說要從「做朋友」開始。

但最近橘子有些不正常了，上班常請假，見了閨密就是哭哭啼啼，那位男閨密也另外找了房子準備搬出去。原來橘子打探到男閨密好像有了正牌女友，他借酒消愁沒把持住和男閨密上了床，第二天自己又後悔了，跟人家大吵大鬧。

其實都是成年男女，說開也就算了，能好就好，不能好就算。結果橘子一吵鬧，男生認為是橘子得了便宜還賣乖，明明就沒有什麼酒後亂性，都是事先預謀。橘子現在再表白說自己喜歡他，男閨密也不相信了，於是鬧到連「做朋友」都不可能。

拖拖拉拉最容易被弄成備胎，男女之間沒有多少單純的友誼，橘子既然有機會和男生接近無話不談，至少說明彼此都不討厭對方。不直接談情說愛，反而以「做朋友」遮遮掩掩，也是一種多餘的累。

好感、欣賞、喜歡和愛情都是有保存期限的，有時候趁熱打鐵，愛著愛著就水到渠成了，等著等著反而好事多磨最終白忙一場。

我們在職場上也會遇到相同的情況，利用現在有對你賞識的上司，有優秀的團隊，自己就該更努力為自己獲取更大的成績和利益，即使人事關係變動，你也能憑藉自己的資歷再打出一番新天地。

活得很累的人，大多也不是來自生活本身，而是自己的心裡藏著不好明說的私利，拖拖拉拉的畏懼，擔驚受怕的自卑，跟人比較不過的羨慕嫉妒恨。心態不正常言行也會出紕漏，最終是自己的麻煩不斷和是非太多。

這樣的累，別人還無法安慰和解決，因為你的那點心思自己都不好意思說出口，

解藥只能是你自己。

前幾天和米露逛街，他終於買下一個去看了幾次的折扣包，但一路上都在算計家裡這個月還需要花出全勤的錢。他說著說著，那種心累的感覺就顯在了臉上，連說好要去看電影的都沒了心情。

米露沒結婚前也算是職場菁英，可結婚生子後，家庭和孩子就成了他的全部。工作的事情能推就推，不想擔一點責任，公司的活動能不去就不去，因為要回家陪孩子。原本的位置很快就被別人代替，心理不平衡更讓他無心改變，都成了打混。

然後呢？他抱怨老公多年沒有升職加薪，也不敢跳槽謀更好的職位。孩子頑皮不聽話，沒有能力拚更好的學區住宅等等。

自己幾年的薪水都在同一個數字上，老公收入也不高，孩子花錢的地方多，不得不省吃儉用。幾年裡一家人很少外出吃飯，衣服款式還在多年以前，米露也很快淪為

了怨婦，總認為生活層次被婚姻拉低了。

這年頭滿大街都是負能量，真沒必要再多看一個被時間折磨到面目全非的女子，享受不了一個漂亮包包的快樂，花錢還買了擔驚受怕和身心疲憊。

坦誠與豁達是最稀缺的精神，自己看不得別人好，就先去用力把自己過好，管不住嘴就先打自己一耳光，話太多的人更容易說謊，你喜歡錢就大大方方承認並且去賺，富人都不掩飾金錢能帶給自己的好處。

化繁為簡，撕下所有偽裝，用自己最現實的努力賺取利益最大化，輕鬆上陣去生活、工作、戀愛，去經營婚姻和養育子女。坦誠能帶給我們的是更高的執行力，豁達能賦予我們的是更快的自癒力，這樣的才華往往換得的是無處不在的安全感。

一個包包，一杯冰咖啡，一部電影，和喜歡的人一起去辦哪怕很煩瑣的事情，那間我就會進入輕鬆快樂的狀態。於是不急，不躁，不生氣，不疲憊，世界和我有關，又和我無關。

你怎麼過一天，就怎麼過一生。

少了T恤，你的四季就只剩下了年齡

大學時曾經看過一部好萊塢電影《麻雀變鳳凰》，講述了洛杉磯街頭妓女薇薇安和企業家愛德華的浪漫愛情故事。在兩個人相處的一個星期裡，薇薇安從外表到內心都進行了一次大換血，穿上了晚禮服學習就餐禮儀，陪同愛德華出席宴會了解上流社會的生活狀態。

女主角在片中多套服裝造型都讓人驚豔，麻雀變鳳凰的視覺衝擊強烈。但我印象最深的，卻是他決定開始新生活時穿的白T恤配牛仔褲，加了件黑色小西裝，束起長髮的樣子清純得像是閣樓上的公主。

正當他準備離開，愛德華的汽車已停到了門外。手拿雨傘和玫瑰花的愛德華，最終像騎士一般拯救了他心中的公主薇薇安。麻雀要想變鳳凰，那也得有點鳳凰的漂亮潛質吧。

T恤是在各種場合都可穿著的服裝，適當的裝飾即可增添無窮的韻味，充滿浪漫主義的情調。用來搭配裙子、短褲或牛仔褲，青春洋溢也充滿時尚感。充分展示出女性秀美的體形，露肚臍T恤更能展示健康陽光的活力。

而白T恤和白襯衫最是挑戰男女的身形和衣感，穿得好，百媚千紅獨一枝，穿不好，臃腫猥瑣畢現只有更難看。

我也從來都不掩飾自己喜歡那種能把襯衫和T恤都穿出陽光味道的男人。匆匆那年我愛上了你，只因那一天陽光正好，你穿了件白襯衫……

當夏天正式拉開酷熱的帷幕時，各式T恤搭各式短褲，秀美腿，露蠻腰，又減齡又賣萌。T恤搭配短褲和半裙最是性感迷人，腳上穿夾腳涼鞋、涼拖鞋、運動鞋或是高跟鞋，都是最適宜的盛夏裝扮。

常常有人問我怎麼穿衣才會顯得年輕，T恤和大學T其實是少女氣的標準配備，即使年齡不再少女，如果身材夠好，這兩款衣著的搭配依舊可以讓我們年輕十歲。寬鬆類化纖布料的上衣，印花款和質地粗糙的蕾絲上衣都是阿姨標準配備。

我們應該摒棄T恤休閒上衣搭配褲裝和裙裝，只屬於休閒隨便衣裳的觀念，經過精心選擇，除了輕鬆亮麗的休閒風範，也可以穿出高雅正式的時裝風範。

年輕女孩即使有點嬰兒肥，也可以穿緊身短褲和牛仔褲，緊緻的皮膚讓腰線和臀線也很性感。發福的身材則是T恤襯衫類的殺手，贅肉就是老去的標誌，藏不住會橫著流出來。身邊減肥鍛鍊的喊聲一浪高過一浪，可真正能堅持的少之又少，不論什麼原因放棄身材都是大錯。

身邊恨嫁的女人也一波多過一波，與其為了年齡即將老去焦慮，不如在年齡老去之前及早運動健身，修練漂亮的臉蛋，雕刻美麗的身體，享受生活的盛宴。等你先做好了這些心就靜了，想修練什麼樣的內在都不是難事，任何時候也都不晚。

以前我喜歡穿連衣裙，現在倒是更喜歡買半裙，這樣更能顯現顏色層次的豐富以及整體的靈動。我儲備了各式紗裙、蓬蓬裙、蛋糕裙、魚尾裙、百褶裙等等，用來搭配的上衣卻大多是T恤，然後是大學T和修身針織衫。

衣櫃裡少了這些，你的四季就只剩下了真實的年齡。

T恤名牌款和廉價品的品質也相距甚遠，幾十元人民幣的T恤最好不要買，洗幾次領口和袖口的鬆懈就會慘不忍睹。越是用料簡單的衣服對布料品質和款式要求越高，盡量不要讓自己陷在廉價的層次裡辜負了身體。

這種風格對穿著的男女有要求，所以你要瘦，你要健身，還要跑步，才能讓青春成為氣質而不只是青春期，才能讓女人成為女神而不只是年輕過。**女人老去的標籤不是年齡，而是你不再愛美也不再有追求。**

你將一件五千元人民幣的衣服穿得好看，那是衣服的本事。你把一件五百元人民幣的衣服穿得有品味，看起來像五千元人民幣的衣服，那是你的本事。你把一件白T恤穿到驚豔，看起來很貴很有名牌質感，那更是美麗女人的本事。

三十歲之後的顏值，是我們綜合實力的體現，包括你對待自己的態度、你對他人以及世界的認知、你對個人形象的關心程度以及你的個性與修養。對自己的形象負責，是每個男女自我修練的必備項目。

容貌與實際年齡相符合，一般人都是如此，比實際年齡年輕五歲，不少人也能做到，比實際年齡年輕十歲，也有人已經做到。如果你能讓別人看不出年齡，這才是一種境界！

我要在煙火最盛的地方，住一處不臨街的房子

多年前離婚搬家，我帶著女兒在這個城市裡找房子。北京城實在太大，大到每個方向都有繁華和冷清的居所。我跟女兒說：「我們搬去一個更繁華的地方吧，有你喜歡的餐館和我喜歡的電影院，然後找一處不臨街的房子，可以鬧中取靜，方便你讀書我寫字。」

不過是離婚而已，失去了房子還可以再租，尋煙火最盛之處，讓自己的生活姿態不冷清，心也就能慢慢暖過了。人間煙火是凡人的日常，也是神仙的嚮往。

那處公寓位於商業區中心，又毗鄰公園擁有最開闊的水域和綠意，週邊五公里範圍內可以滿足女兒的一切需求，包括學校。三公里範圍內可以滿足我的一切需求，解決了一個路痴的苦惱。

既然生活在城市，還有當下的生存和孩子成長環境，不論買房子還是租房子一定要選地段，離上班和生活所需場所不能太遠，價格便宜固然重要，但每天把大量的時間浪費在路上，也是一種高額的人工成本，這要比金錢重要得多。

價格高一些的公寓，除了保全措施齊備，人口素質也普遍偏高，這裡沒有亂跑的狗貓，沒有吵架打鬧的鄰居，更沒有遍地垃圾和亂停亂放的車輛。單身居住的女孩，還有大廳裡的保全人員及時伸手幫你拎東西上樓。

人文和環境能激發人性深處的善與惡，找一處好地方也自然會有善意與溫暖。昔日的孟母為此三遷，今日的父母也該從環境上為孩子著想。**情感的支離破碎並不會隨著單身或是離婚發生，很多看似和睦的團聚裡，往往才藏著最深的傷。**

我會充分了解房子週邊的情況，比如公共交通是否方便，好不好叫車出門，有沒有大型購物中心，以便我能在閒暇時間買菜、逛街、喝咖啡、看電影。工作再忙境遇再艱難，也要抽出時間享受暖陽，週末更要放下手機，去過一個人或是一家人的悠閒日子。

地球離開你照轉，工作離開你也不會死，前任離開你或許活得更好，有時候我們遠沒有自己想像的那麼重要。

情感受挫後我開始反思，拋棄一切阻礙個人發展的情感糾結，重新調整方向，選擇自己最擅長的事堅持下去，直到現在終於找到了自己最想要的生活方式。有時候我們不是知道了才堅持，而是堅持了才知道。

如果你的現實境遇阻礙了發展，如果你的情感痛苦多過快樂，那就開始做最實際的改變，不一定非要做個決定，而是先從改變自己開始。就算生活殘酷效果緩慢，也不要沮喪和懈怠，哪怕是做努力爬行的蝸牛，或是堅持早飛的笨鳥。

我就是這樣試著成長的，一路跌跌撞撞又遍體鱗傷。可堅持下去我發現自己站在了最亮的地方，活成了自己曾經渴望的模樣，又擁有了讓身邊人也快樂幸福的能力。

「能認真洗衣做飯的人，都自帶光芒，沒有人照顧你的時候，你就要好好照顧自己，養好了自己的胃，你的心就有力氣去過你想過的生活了。」這是我媽媽當年告訴我的話。

他從沒有說過我一定要嫁個男人依靠，而是一直強調我要擁有自己的能量與微光。所以不論何種境遇，哪怕身處暗夜，或是遭遇淒風冷雨，我都一直記得好好照顧自己。

一處充滿煙火氣的房子，外加周圍的美食美物都會讓人愉悅。哪怕艱難困境讓我累了倦了，我也要獨自穿行鬧市為生存而戰，也要和家人擁有安靜的餐桌，用精美的餐具共享早餐和晚餐，彼此支持等人生的晴天。

遊刃有餘地過好當下，內心柔軟而有原則，身披鎧甲而有溫度。

身邊有很多看起來光鮮亮麗的女子，面對事業或許所向披靡，面對愛情卻都忍不住卑微，於是面對生活也變得心不在焉起來，好像只有找到愛情，或是結了婚生了孩子，生活才是生活。

現實總會狠狠打臉，不結次婚就不知道男人能有多渣，不生個孩子就不知道自己原來嫁了狗。

我也曾經問過我的女性朋友：「你完全有能力獨立自由地生活，為什麼還是著急和不安？」

他回答：「一個人吃飯都會變得沒有意思，我過得再好也就是有些快樂，幸福卻談不上。」

如果你不好好愛自己，愛情當然沒有誠意；如果你不好好吃飯，日子自然是沒有意思；如果你又不好好睡覺，活著都會沒有意義。對我來說，幸福並不是努力尋愛，而是先安心生活。

生存之外，我們積蓄能力，以便能夠想走就走，去看看遠方的世界。生活會在這樣的時刻真情流露，裹著世俗煙火的甜香，也帶著繁華世間的誘惑。煙火最盛的地方充滿欲望，不臨街的房子卻滿是安然，這才是我們眼前要學會面對的最現實的生活。

如果我們不會為了失去的美好真正傷感，就不會懂得珍惜當下的每一次努力和改變。而這種傷感絕不是失去一個男人，或是找不到要嫁的人，又為不到一百元人民幣的婚姻猶豫要不要去捉姦。

很多人都忙著為自己不曾擁有過的東西焦慮和慌張，卻不知道唯有先安心生活，我們才能一日日獲得能力和勇氣，過上想過的生活。這也是有些人雖然聽了很多道理，卻依舊過不好現在和將來的原因。

我已經不會因為誰來就驚擾了平靜，也不會因為誰走就改變了生活。當我能夠強迫自己克制之後，簡單就成了日子的常態，幸福感會時時冒出來，打敗那些沮喪、害怕和傷愁。

如果不打算結婚的話，你就在煙火最盛的地方，住一處不臨街的房子，裝修簡單舒適，養幾盆花草綠色植物，過朝九晚五的生活，下班後與兩三好友相約吃飯喝茶做運動。有閒錢，就四處走走，太累了，就回家平躺，先把自己照顧好，愛情才會光顧不想走。

如果你結婚了，更要去擁有這樣一間房子，方便自己在商業區上班，孩子上最好的學校。報幾個課輔班花多少錢其實並不重要，明星學校和普通學校的差別巨大才是重點，從小學到大學都是如此。有錢，就去為家庭孩子做些現實的鋪墊，沒錢，就去努力讓自己先成為你想要孩子成為的那個人。

有品質的好生活都需要巨大代價，我之所以不懼怕也不退縮，是因為壓力只會讓我更專注手邊必須要做的事情和工作。

靠自己先去看遍世間繁華，再遇一個人陪我去坐旋轉木馬，重新相信童話。

Part 5

優雅才是最貴的化妝品

要善於發現生活中那些平凡的奇蹟，
懂得奇蹟只是努力的另外一個名字。

人生苦短，歲月太長，
別浪費，別發胖，別變醜。
要鮮衣，要美顏，要名車。
遊走天涯，豁達自由，
活成美好世界的一部分。

比基尼橋上的風情，小肚腩永遠不懂

璐璐是個有小肚腩的女孩，年紀不大，整體體重也算湊合，但肉卻都長在了肚子上，腹圍超標後，腰圍自然也不細。某天他穿了一件貼身窄裙上班，被辦公室男神上上下下盯了好幾眼，他原本以為是因為自己的顏值，後來卻被某男同事一語道破：「你懷孕了？」

璐璐臉上掛不住了，問我該如何解決小肚腩。去健身房，他果然一個仰臥起坐都做不到位，小腹上的贅肉打了兩層褶，這是最難減的一種身材了。而身邊的朋友發胖大多是如此，先是腹圍大增，然後就是腰圍長過了褲長。

減肥要做有氧運動，如跑步和游泳，減脂肪則還要增加無氧運動，提高身體代謝脂肪的能力，如健身房裡的各種器械運動。要在健身教練指導下使用，以免你腰圍沒細，卻把腿練粗了。大長腿，也是性感利器。

久坐不動、宵夜當正餐、熬夜、便祕、抽菸酗酒等等，都是造成脂肪堆積、小腹突出、腰圍粗的元凶。而腰圍比例經過醫學證明，患高血壓、糖尿病以及婦科疾病的機率也會隨著增粗而增高。

生活中那些大肚腩的男性，更是各種疾病的追逐者，看到他們油膩的皮膚和隨時犯睏鼾聲如雷，我都忍不住想去提醒他們身邊的女人，要對自己的男人有身材顏值的要求，這樣才能首先保證了身體上的白頭到老。

什麼才算是大肚腩呢？當你站在那裡都看不見自己的小弟弟時，就是個道地的死胖子了。

什麼才算是小肚腩呢？當你躺在那裡看不見兩側盆骨，一分鐘做不了幾個仰臥起坐的時候，就算是嚴重超標了。

小腹和腰圍是女生和大媽的分水嶺，也是男生和油膩中年男的分界線，不管實際年齡幾歲，你需要在意的是，你看起來像幾歲。

你平躺後腹部平坦不會超過兩側骨盆的最高點，穿著內褲或是比基尼時，內衣與下腹間出現罅隙與骨盆形成的「橋狀效果」，就是「比基尼橋」，剛好可以伸出去一隻手。這是女性健美身材的標誌之一。

這些標誌還有：鎖骨，俗稱「美人骨」，為S狀彎曲的細長骨，位於皮下，為頸與胸兩部的分界。如果你能在兩側肩部的凹陷處放一個雞蛋，是最厲害的！

美人筋：斜位於頸部兩側，是脖子在轉向側面時的一根筋。很多人脖子轉動的時候都有筋，但線條漂亮的不多，胖子則會被肉覆蓋。

我也鍛鍊頸部肌肉塗抹護膚產品，盡量減緩頸部橫紋出現，這是最容易暴露實際年齡的部分。

馬甲線：指腹部沒有贅肉，還要有肌肉的線條，這不是僅僅瘦就能夠擁有的。腹部主要由兩部分組成，分為腹肌和腹外斜肌，而腹肌和腹外斜肌間會形成線條，這就是馬甲線。

脊柱溝：女生背部線條叫脊柱溝，有完美的脊柱溝代表背部肌肉線條完美，皮膚緊實，而脊柱與兩側肌膚所形成的溝壑，就是性感無敵的脊柱溝。

腰窩：就是背後腰間的兩個凹下去的窩，是臀部骶椎骨上方和腰椎連接處的兩側。俗稱腰窩，在美術界又稱「聖渦」。擁有的女性很少，這是上天賜予女性青春的印痕。

其中，鎖骨、美人筋、脊柱溝和比基尼橋算是比較容易的，你只要再瘦一點就會擁有一個大概。一位健身教練曾經說過：「不吃晚飯是保持小蠻腰的唯一方式，而不是其一！」

減肥成功的標準也不是看體重數，而是量腰圍，你的腰圍減了，那就照你的方式堅持下去，因為你已經離成功不遠了。

三十歲到四十歲，十年來我每天只吃一頓主餐，保持了不變的體重，但過了四十歲體重還是在兩年之內猛增了十公斤，忽然就到了喝白開水都長肉的年紀。年齡增長最顯著的變化就是身體代謝率放緩下降，再加上久坐少動的現代人生活習慣，發胖甚至已經不再是中年特有。

於是我除了用節食和運動的方式減肥，並且不再吃晚飯，晚餐即使有約也絕對不吃主食，體重才得以回歸。偶爾翻過幾年前我發在社群動態裡的照片，越發感嘆，一胖真是毀所有。

我其實很多次在網路上寫有關如何減肥保持身材的文章，但還是有很多的讀者問我有什麼好辦法減肥。好吧，現在我要說個最簡單的辦法，看你是不是能記住，並且能做到：餓！

從今天晚餐開始，把一日三餐的量都減半，不吃任何垃圾食品，不喝飲料只喝白水和淡茶，如此堅持一個月。再減掉晚餐，用沒有油的蔬菜和水果代替，如此堅持兩個月。然後過午不食，如此再堅持三個月。不瘦？才怪！

等你真的做到了這些，我再讓你增加有氧運動來保持體重不反彈，增加無氧運動來練出美妙的頸部線條和腹部馬甲線，對你來說也就不是什麼難事了。

但經驗告訴我，凡是整天吃飽飯就嚷嚷要減肥，經常問人家怎麼減肥，或是喜歡收藏一堆減肥影片，餓了兩天晚飯就說自己生病不舒服月經也不順的女孩，都減不下來吧。

你不是不喜歡自己變得漂亮一點，而是懶，還喜歡拿男人來說嘴，好像你越是醜到不修邊幅身材臃腫，才越是女權獨立似的。

如果你沒有瘦下來，也沒有顏值可看，就根本不知道自己好看是種什麼感覺。全世界都會為你讓路的時候，你夠努力就有捷徑。這也是一種觀念不同，原本我們每個人都有資本去拚臉，你卻偏偏要在拚才華的路上跑偏，沒有了臉可看，才華有沒有，別人都還想要打個問號好嗎？

在《格調》一書中有一段話：「你的體重就是你社會等級的宣言。如今肥胖是中下階層的標誌，與上流社會和中產階層相比，肥胖者是前者的四倍。」

瘦，代表一種昂貴的生活方式，有錢沒錢都先自律，自律的人不可能一直沒錢。胖，就是因為你窮，或許是沒錢，抑或是精神窮、缺素養。

你什麼時候看到身材卓越，穿著得體的男女在大庭廣眾下情緒失控？叫罵孩子、擁擠不排隊、不讓座就打你、辦公室裡散異味、吃碗麵也要挑剔服務、一點小事就吵架的，又是些什麼人？

我們的身材，和錢的關係不大，健身會員卡不便宜但公園不用花錢啊，長年吃得少也花不了多少錢。我們的身材，只和自律和控制力有關，這才是當今社會最稀缺的才華。再說，真有才華的人，誰沒錢啊？

長著「不老顏」的男明星發了一段影片，邊化妝拍戲，邊吃著幾片生菜。而年過三十的女明星找的新男友比他小十六歲，兩個人在機場他如少女一般被他整個擁在懷裡寵溺，微博裡是他和外甥一起在做瑜伽的高難度動作。

四十多歲，甚至到了六十多歲，都還能保持少男少女的狀態與優雅，是因為形象即是紀律。

比基尼橋的風景，小肚腩永遠不懂。人生就那麼一回，為什麼不能雕琢出一座肉體的神殿呢？當這也成了我們的信仰，才能擁有健康的身體和乾淨的靈魂，讓我們一路都所向披靡。

這是一個追求個人價值的時代，你的身材代表你的野心和階層，這才是通往成功的風向儀。

前兩天北京遭遇了春天裡的第一場沙塵，傍晚時分才漸漸塵埃落定，但我們還有盛放的玉蘭花、好身材、白T恤、牛仔褲以及畫個太陽也能燦爛的自己……

你所有的毛病和問題，都是因為缺乏

曉涵是位「只喝熱水小姐」，即使沒有整日裡讓他「多喝熱水的男友」，他也是一年四季保溫杯不離手的女孩。我特別佩服的是，大熱天出門吃飯聚會，他也要喝開水，溫一點的都會讓服務生換掉，為了方便就只能隨時自帶。

夏天裡女孩們都是短褲薄衫，背著各種小包，唯獨曉涵大包依舊。除了要裝個大號的保溫杯，還有一條羊毛披肩，室內空調他覺得太涼，時時要用披肩把自己包裹嚴實。秋風剛起就秋衣秋褲外加高領毛衣，冬天更是穿成了球，即使是在北方暖氣十足的環境，他就算脫了羽絨外套，也要再加個羽絨背心。

曉涵在的場所是嚴禁開窗的，用他的話說：「有暖氣穿得不多，有一絲冷風進來都會打冷顫，然後就是感冒。」可在沒有通風系統的家裡，不開窗就意味著空氣汙濁，但曉涵家裡的窗戶縫隙處都貼了透明膠帶。

不過，曉涵還是容易生病，不光怕冷，腸胃還不好，「大姨媽」也經常不光顧，長年吃各種調理的中藥。不過三十歲的年輕女孩，生活的姿態像個老人，不喜歡社交沒有男友，工作的狀態更是混，上司不喜歡他，同事覺得他矯情多事。

曉涵最奇特的相親經歷是被同事遇見傳出來的，男方約在北京三里屯的星巴克見面，那裡不論暖氣還是冷氣向來都很足，幾個靠窗喝咖啡曬太陽的老外都是短袖T恤。曉涵對面坐的男人穿了一件白色休閒上衣，黑色破洞牛仔褲，貝殼頭休閒鞋上露著一截腳踝，長得不錯也很會穿衣，喝著美式咖啡，同事看了都有些嫉妒。

可當這位同事再把目光轉向曉涵的時候，差點笑出聲。曉涵穿著黑色長款羽絨外套，粗毛線帽子，厚羊毛圍巾，一雙手按著自己的保溫杯，旁邊還放著一雙毛絨手套。他沒有消費任何東西，還是喝著自己的熱水。

這當然也是一次失敗的相親，曉涵也真真難過了一回。儘管之前有過無數次了，但這一次的對象原本很不錯，再加上同事們的瘋傳和八卦，他年底體檢又被查出有甲狀腺和乳腺結節，曉涵就有些崩潰了。

曉涵又來問我怎麼辦，我還是那句話：「你其實沒什麼大毛病，就是欠『動』，能真正開始有氧運動減減體重，首先『大姨媽』就會正常。」

曉涵十年前是大學班花，只是畢業後脫離體育課就再無一丁點運動。久坐不動，不光會造成腰腹部堆積脂肪，還會壓癟了屁股增粗了大腿，即使不發胖身材也會變形。有些瘦女孩也沒有優美的體態，就和不運動，又坐沒坐相、站沒站相、吃沒吃相很有關係。不是瘦了就一定美了，而是動了才會越來越美。

曉涵終於開始「動一動」了，每天利用午休的時間去公司樓下的健身房跑步，累到哭終於也可以每次跑五公里了，然後週末游泳和練瑜伽。每天健身房或是運動場上「大動」兩小時，「小動」則可以在久坐之後的任何時間段和地點。你如果就是沒時間做運動，那就會有時間去生病。

少女和婦女的分界線，除了腰圍和小腹，還有上臂部位的緊實纖細。那種隨意穿小背心和小可愛的日子，就是世間每個女子一生不捨的少女心。我們鍛鍊和保持身材的過程就是自律養成的過程，痛並快樂著，減肥健身的功效如同整形，這一點已經被無數次驗證過。

今年冬天，曉涵已經和我一樣薄衣輕衫地坐在飯店裡喝茶了，除了熱水還有很多吃喝可以在我們高興時助興、低落時撫慰。上個月他的體檢一切正常，擺脫了藥罐子，「大姨媽」也按月到訪，穿得少了每天洗澡反而不容易感冒。身體舒服了，工作狀態也就來了，之前一直被詬病的拖延症也消失無蹤，那是因為自律來了。

他說：「昨天剛從健身房裡打完拳出來，就收到一個認識了很久的男生的訊息，要做我的男朋友，然後我們就這樣愉快地決定談戀愛了。你說得對，美好的事情一直都在，就看我們自己是不是值得遇見並且留住美好。」

Q先生前幾年婚姻出了問題，鬱悶的時候除了埋頭工作就是吃垃圾食物，不到三十歲就成了個胖子。某天他因為頭疼去了醫院，醫生告知是高血壓，Q先生從此每天和降血壓藥結緣，脾氣也越來越煩躁。

他終於離了婚的時候，事業也遭遇了低谷，血壓在服藥後依舊控制不好，一時間倒楣事一件連著一件。他終於聽從醫生的建議開始減肥，一年減重二十公斤的他恢復了帥哥本色，也偶遇了現任女友。

女友家裡是學醫的，鼓勵三十二歲的Q先生透過跑步來進一步調整血壓，如果堅持得好，Q先生原本年輕的身體或許能做到兩年後完全停藥。於是Q先生開始了長跑，至少保持每週四到五次，每次十公里。

又是一年，Q先生不光透過跑步控制住了血壓，整個人的精神面貌也脫胎換骨，進入更有發展的公司任職高階主管，和現任的感情也如膠似漆。工作壓力大的時候去跑步運動，還可以促進體內多巴胺的分泌，這是一種快樂激素，有助於我們盡快擺脫壞情緒重歸平靜。

關鍵是Q先生還獲得了六塊腹肌畢現的好身材，穿上衣服瘦成一條直線，脫了衣服還有肌肉。可見女人如果想要擁有鎖骨、美人筋、馬甲線、比基尼橋和脊椎線，哪怕只是堅持跑步就可以擁有。只是，運動不難，堅持最難。

什麼叫脫胎換骨？之前熱播的仙俠電視劇《三生三世十里桃花》裡，司音需要遭受雷劈的天劫之後才能飛升上仙。凡間的女子們，減減肥，健健身，練練形體，也脫胎換骨宛如神仙美眷。保持少女的身材，就是我們為人的自律和修練，不比經歷三道雷劈更輕鬆。

肉體是每個人的神殿，不管裡面供奉的是什麼，都應該鍛鍊和保持強韌、美麗和清潔。即使只是有人迷戀著你的肉體，經常和你啪啪啪，也比沒有人欣賞你的才華、更沒有人想和你上床好很多。

你能堅持每天動一動，哪怕只是有個喜歡的人啪啪啪，也有利於你調節身心健康，控制壞情緒負能量爆發，有個冷靜的生活姿態和心態。慢慢地，你身上的那些毛病和所遭遇的困境，也就迎刃而解了。

所有耀眼的背後都是厚積薄發前的堅持，總有一天你會活成自己喜歡的模樣，生機勃勃容得下世事顛沛，內心極豐盛，外在極美好。

最沒救的就是又賢慧、又難看的女人

春節剛過，愛迪十年的婚姻徹底結束，公婆把兒子的小三和私生子叫回老家過年去了，愛迪卻帶著女兒獨守北京。他知道消息後，大年初一跑到公婆家鬧了一場，打了人也被男人打了。鄰居報了警，公婆逼著兒子趕緊和這個「瘋女人」離婚，原本要爭的房子也不再要了。

愛迪去打人，我簡直不敢相信。一群朋友裡就數他脾氣最好，而且絕對是男人嘴裡的賢慧老婆，任勞任怨，家裡不缺錢也不請保姆，省出錢都打扮老公孩子，自己卻成了地攤貨女王，還說自己胖反正也穿不出什麼好樣子。前段時間還張羅著要替老公生男孩，生第一胎的時候他曾經大出血，差點沒了性命。

之前我一直覺得在生活費上省不出什麼大錢，但愛迪說：「去早市買菜和水果就可以省啊。」可他家附近沒有早市，於是每週末坐三站公車去別的地方趕早市，再回家做飯，等睡懶覺的丈夫和孩子起床。愛迪，是我見過的從不睡懶覺的女人，因為，他沒時間。

只要是能為老公好的事情，愛迪都去做，甚至還去學習中醫按摩，為了幫下班回家的老公放鬆。他家的冰箱上還貼著每日菜單，老公享受在家也能點菜的權利。為自己好的事情他一件都沒時間做，甚至任自己身體發胖顏值降低，還認為這樣能省點買衣服修飾的錢。

結果呢？老公幾年前就找了個只會外出吃飯和叫餐的小三。據說在家裡飯來張口衣來伸手的男人，節假日會親自去買菜跑到小三那裡替他做飯煮湯增加營養，小三生的孩子都在愛迪眼皮底下長到上幼兒園了。

但這幾年愛迪還是很賢慧，每天忍著內心的痛苦繼續伺候經常不回家的老公，期望他能回心轉意。但結局不過是多浪費了幾年時間，多為根本不愛他的男人洗了些衣服、做了些飯罷了，還不如拿去養豬，過年還能殺了吃肉。

今年電視臺的春節晚會節目裡因一段內容涉嫌物化、侮辱女性，被網友吐槽「難以想像這是二〇一八年的節目」。

節目中出現一段救難隊長的臺詞：「我花了四萬元人民幣買他（指妻子）兩萬一千九百天，平均一天才花一點八二六元人民幣……現在僱個保姆，一個不得花三千多元人民幣，我這一天花不到兩元人民幣，有什麼理由不愛他？」

可這樣的「愛」，現在還有多少女人稀罕？

男人從不會因為女人只是賢慧為家庭付出就尊重他，他們只會尊重那些能和自己平起平坐具備相同智商，甚至更厲害的異性。

之前中國媒體名人洪晃說「最沒救的就是又難看、又賢慧的女人」，就有男作家立刻跳出來指責其觀念是「禮崩樂壞」。而男人這種「女人只要做好家事帶好孩子就是美德」的言論，千百年來都是為了騙女人，男人自己都不信。

當年有「父母之命」的時候，男人也會三妻四妾、嫖妓買春。如今是婚嫁沒有「父母之命」的年代，男人又會出軌養小三小四，繼續買春買醉。正室生不出男孩，外室可以繼續生，正室為保地位，低頭替小三養孩子的事也層出不窮。

不要再聽拿「內在美」說嘴的謊言，即使你有「內在美」卻還是沒長相，僱你當保姆的人有的是，卻沒人想娶你做老婆，成了老婆的也把你當保姆用。多少年來，所謂的賢慧是女人最大的缺點，最後倒楣全是賢慧鬧的。

不是說漂亮的女人就會占得所有先機，而是如果女人自身不好看，就不要再以為賢慧就可以彌補一切。不嫁人就焦慮不安，嫁了人就不再工作，整日沉淪於家庭瑣事婆媳關係，沒情趣沒涵養也帶不出優秀的孩子。那種臃腫嘮叨的黃臉婆甚至連過性生活的權利都被自己的男人剝奪，還要護著偷腥的渣男打罵別的女人下賤。

最賤莫過於騙女人的渣男，和渣男同床的女人，層次也真是高不到哪裡去。

反而那些不算好看的女人如果事業獨立有錢，身邊同樣會擁有很多男人，如果你能再幽默有趣一點，男人就想娶回家了，再難看再老都無所謂。能讓男人笑出聲來的女人，再難看也不會被忘記，這一點比漂亮女人還占便宜。

我們的生活中，帥哥身邊往往站的不是美女，而美女嫁的往往不是帥哥，說這其中都是錢的因素顯然有失偏頗，或許人家就是更合適的那一對罷了。

越是優秀的男人，越是不會以年齡、婚否、是不是賢慧會做飯去衡量女人，只有女人才會對離婚的女人或者不結婚的女人加上各種不堪的標籤。不過是因為這樣的一些女子過成的樣子，刺痛了很多人將就的人生。

即使我每天都在寫身邊發生的人和事，寫自己曾經的經歷和現在的生活，還是看到有同性讀者留言：「你說的都是一些名人明星，生活中有更煩瑣的事情讓我們無心打理皮囊。」

一個皮囊都顧不上的女人，根本不會有心思和能力去充實內在，居然還說得那麼振振有詞。別人至少在覺醒，你還在男人身邊假裝生活幸福，就越發不好看了。

你長了一張「月入五萬元人民幣」的臉了嗎？

小若高中畢業後沒上過什麼正經的班，老媽是沒工作過的家庭婦女，一家三口都靠老爸每月幾千元人民幣的薪水生活。但因為是獨生女，小若是那種被窮人家「富養」出的大小姐，父母傾盡財力為他花錢，別的女孩能有的他也不缺，在家裡的脾氣也夠囂張，曾經為了要買 iPhone 逼著老媽去借錢，跳二樓摔傷了腿，還驚動了警察。

上學時他因為爸媽給的臉還算漂亮，一直都是男孩們追求的目標，書卻真沒有讀進去多少，勉強上完了高中。斷斷續續當過促銷人員和收銀員，但都是三天打魚兩天曬網，賺的那點薪水還不夠自己買口紅。現在二十歲了，老媽就開始張羅著介紹男朋友給他，說是女孩趁早嫁個有錢的男人過日子才是正事。

小若樂得不上班，整天不是打線上遊戲就是去相親，還不忘和之前的男孩吃吃喝喝，沒錢就問家裡要。不給？他說：「我就鬧啊，老媽老爸不給，我鬧到報警他們就怕了。」

兩年後小若已經是一個孩子的媽媽，但再見他的時候他臉上卻帶著傷，嫁的男人家暴，有錢的婆婆又頗為強勢，小若平時用的是婆婆名下的信用卡，老公在家都沒有任何經濟地位。小若不會離婚，連老媽都勸他忍忍就是，畢竟女兒住著別墅，開著豪車，拿著名牌包。

在外人面前，這可都是小若有本事才賺到的錢，哪怕是月花五萬元人民幣信用卡，也是很多女孩和人家羨慕不已的生活了。

我記得小若當初最看不起自己老媽，說他一輩子都被老爸歧視，被打被罵也不敢離婚，如果換成自己，早就打翻了天，扔掉沒本事的老公了。但現在，僅僅是自己的老公看起來比老爸有了點錢而已，小若二十二歲就在重複老媽的日子了。

看似小若不讀書不上學也過上了有錢人的日子，可那張帶著傷痕的臉卻已經沒有昔日的漂亮，僅剩的那點小聰明都變得可憐又可憎。不讀書不上學的人，腦子也會慢慢變笨，當我們臉上的靈氣與熱情漸漸消失的時候，長出一副「苦面孔」就再也沒有月入五萬元人民幣的可能了。

小依生日和男友一起出去吃飯，結果卻讓小依自己買單，他很傷心。男友卻說：「是你自己要求吃一千元人民幣的啊，我建議去吃兩百元人民幣的，然後我來買單，你又不同意。」

小依由此想到很久之後，有了孩子他想去私立醫院生孩子，想要孩子上好的小學，自己想要追求好一點的生活，男友都會冷漠地站在一邊讓他自己買單等等。於是他決定和相戀七年不求上進又不懂愛的窮男人分手，並且再也不和窮人談戀愛了。

男友七年後還窮到連一頓飯錢都在乎，小依過了七年還因為幾百元人民幣不能釋懷。七年前你們是個窮人，七年後你們還是窮人，如果非要說不求上進就是窮的原因，小依也沒上進到哪裡去，因為也沒有賺到錢。

兩個人都沒讀過多少書，但來北京之前父母卻覺得兒女去了大城市機會多就能賺大錢。他們來了才發現，沒有值錢的畢業證書根本找不到什麼穩定的好工作，僅僅是比家鄉收入高一些而已。連飯錢都要心疼的時候還想著私立醫院、貴族學校和富人生活，可見女人的虛榮心和男人的不求上進一樣可怕。

你是什麼樣的女人就會遇到什麼樣的男人，如果說你認識的沒錢的男人大多都懶，不光賺錢懶，回到家也懶，那我只能說你就活在一個窮人的圈子裡，你自己更懶跟無能，又沒錢請幫手，只剩下抱怨。

朝九晚五的工作都沒勁，薪水那點小錢不屑賺，大錢又賺不到，整天趴在網上或是拿著手機找創業機會，寧願相信一夜暴富，也不能實實在在去上個班。你以為自己是小姐體質，沒有體力去賺錢，卻不知道比腦力你更丟人，還是個丫鬟命。

有個熟人的孩子來北京找工作，他父母的能力只能供他住月租一千五百元人民幣的合租房。他學歷普通，但他找工作卻非大公司不去，而且告訴我公司還得離住的地方近一點，來回都有地鐵，最好不要超過五個站。

他來之前聽說，在北京有很多機會能找到月入五萬元人民幣的工作，老闆還能提供租房子和伙食，連在地鐵出口賣雞蛋灌餅的老婦都月入三萬元人民幣。他甚至已經報了很多堂如何月入五萬元人民幣的課程，買課程就花了三百元人民幣。

我請女孩吃飯盡地主之誼，然後聽他說了這麼一段話。我問女孩：「你生活的圈子裡有月入五萬元人民幣的人嗎？你知道月入五萬元人民幣的人是過什麼樣的生活嗎？」女孩一臉迷茫地搖了搖頭。因為虛妄的東西聽得太多，那張原本應該充滿陽光與純真的臉，卻滿是欲望與焦慮，用不了多久也就不好看了。

在北京這樣的城市裡，月入五萬元人民幣的人一定是百裡挑一上過好學校，或者千裡挑一拚得了好機會，甚至是萬裡挑一、有教養有EQ的男女。而你自己是誰？又有什麼資格去拚？甚至連教養都欠缺、EQ都不知為何物的時候，花幾元人民幣或是幾十元人民幣聽課程就能掌握月入五萬元人民幣的技能了？我聽了也是傻了。

月入五萬元人民幣的人比月入五千元人民幣的人承擔的壓力更大，做得更多的同時，也會接觸到更多更好一點的人和更好一點的生活，這不是比較，而是選擇，因為一生都要努力成為那樣的人，過著那樣的生活。不然我們的孩子在「月入五萬元人民幣」的白日夢醒後，也要去地鐵出口賣早點嗎？就算真是月入三萬元人民幣，也是個活在底層的人。

我和女孩僅僅是這一頓飯的交情罷了，因為我沒有能力幫他找到月入五萬元人民幣還能離家很近的工作，更不想浪費我要全部用去賺錢和生活的時間。

生活中大多數女孩都是中國電視劇《歡樂頌》裡的邱瑩瑩和關雎爾，夢想著成為安迪和曲筱綃，偶爾會自我激勵爆發熱情，只是來得快去得也快。如果成功學真有用，每天的地鐵和公車上就都該是一張張歡樂的臉。

從你幾點下班就能看出你是單身還是已婚，從你的臉上就能看出你是婦女還是女人，從你說話的腔調就能看出你是菁英還是潑婦，從你身上的穿著用品就能看出你目前的工作情況和生活狀態。

我們必須承認歷朝歷代都看臉這個殘酷的事實，才能追根溯源及時彌補不足，挖掘優點成為身上的光，吸引更優秀的人為伍。

親愛的，請一生盡力讓自己更出色，從讀書到學位，從容貌到能力，從外在到內在，相信這樣的你會看到更多生活的美好，從而獲得更多人生的歡樂。

多讀書、多上學、多戀愛、少結婚，慢慢長出一張月入五萬元人民幣的臉，比抱著教你月入五萬元人民幣的成功學更有用。

看臉的世界沒救了，瘦一點點就美呆

某婚戀網站曾經做過這樣一個實驗：隱去男女雙方的照片後，大約有一半的人還是可以從交談開始，有了想了解對方靈魂的深度。但當大家看了彼此的照片之後，其中一多半的人就立刻終止了交談。

某公司人事部最近在徵才，其中有幾個人旗鼓相當，需要做選擇，簡歷拿給總監看的時候，也參加了面試的他隨手選定了其中的兩位男女，明眼人一看就明白最後還是顏值取勝。你還別怪總監以貌取人，這就是著名的「暈輪效應」。據此項研究稱，高顏值會啟動人們大腦中的讚賞區域，我們看到漂亮的臉時的感覺，就像受到了別人的讚賞一樣，這會使自己愉悅。

當然，這樣的看臉效應大多是依據個人喜好，所謂蘿蔔青菜各有所愛，就是你在某個人眼裡不漂亮，但在另一個人眼裡可能美若天仙。可你聽到這樣的話還是別太放鬆警惕，當很多醜陋的點集中在你身上的時候，比如外表肥胖、不修邊幅、吃沒吃相、東施還自認堪比西施、不努力還吹牛等等，你就會被大家集體認定為醜陋的，什麼人都不會把你當盤菜。

還是有女人問：「這真是一個看臉的世界嗎？」你身邊那麼多的實例，其實你自己很明白啊。為什麼還有女人說：「反正爸媽沒給我一張漂亮的臉，花大錢整形也不安全，也不用考慮精緻出門的某天會遇見誰，無欲則剛，只要自己過得舒服，想怎麼吃就怎麼吃好了。」聽起來也算淡定，可再看看你除了五官的其他外在，你皮膚油，講粗話，衣著沒品，鞋子髒了，本事不大，脾氣很大，坐在那裡說這話的時候兩條叉開的腿不停抖。你一直粗糙，即使遇見也都是同類，所以不了解精緻能帶來的好處。你不是無欲，現實社會無欲無求的那是聖人，你不過是欲求不滿後的自暴自棄。

在一夜走紅的女歌手裡，有一位聲音富有磁性而渾厚，舞臺風格簡約，與同年齡段的女歌手們走著截然不同的路線。他有可以穿透靈魂的溫柔的聲音，也因為偏胖的身材飽受質疑，漂亮卻顯得老氣，但這位肥胖界小天后也一直拒絕減肥要做自己。時尚雜誌評價他：「雖然他有點胖，但是他有漂亮的臉蛋和迷人的聲音。」

這位肥胖小天后前段時間因為喉嚨損傷休養，結果也意外產生了瘦身的作用。儘管他還是未脫離大尺寸女孩的隊伍，但雙下巴消失了，腰身玲瓏了，原本就精緻漂亮的五官更加立體清晰了，兩腮凹進去再拍出的寫真照片，簡直驚豔世人，原來瘦一點點就美呆。

人家胖到一百公斤的時候，也有「漂亮的臉蛋和迷人的聲音」，現在的你又有什麼？你做自己又做了一個什麼樣的自己？沒有精緻的五官，就去保養自己的皮膚和身材，沒有第一眼的驚豔，就去努力做第二眼的美女，從頭髮到衣著、從微笑到言談、從手指到腳趾，身為女人我們有太多的辦法讓自己瘦一點點，再美一點點。你還問我：「減肥的好處？」效果堪比做整形啊。

先看看精緻女子的臉，再看看他們的身材，在大多數中國女人被孩子和電視劇、孫子和廣場舞包圍，連性別都變得日漸模糊的時候，人家卻可以越活越少女，又憑藉顏值帶來的機會讓才華也得以豔光四射，這樣的女子或許才能被稱為有才華。

女人跨越了年齡的界限，任何時候都有著大長腿和完美身形，任何年紀都可以開開心心地談場戀愛，甚至披上婚紗做新娘，這絕對不是只憑藉心機就能做到的。

有些女人總是如此，比不上人家漂亮又生活狀態好的時候，就說人家是心機女。其實，就算你有臉可看也有才華可拚，心機太重也會變得醜陋起來，比如傳媒大亨梅鐸的某位前任，當年結婚時的他也是清純可人，離婚時的他則滿臉橫肉面目可憎。

為什麼這個世界要看臉？還不是因為有些人的臉就是有得看，有些人的身材穿上件白T恤就像少女，有些人的笑顏可以穿越時光，定格在美豔裡。既然有選擇，我也會選擇找個漂亮的賞心悅目，或是變得漂亮點讓自己機會更多，這才是人性本源，不是什麼功利市儈。但不論你的臉漂亮不漂亮，一胖就毀所有，比才華最先到達別人面前的，首先是遠遠就能看到的身形，然後才是近距離細細品味的臉。

我長年注重並且節制飲食，並不是什麼都不敢吃就怕發胖，而是不暴飲暴食，這不會傷害我的胃；不吃垃圾食品和不健康食物，這不會讓我皮膚差長脂肪；少吃肉多吃水果蔬菜，這會讓我身體乾淨；不吃廉價甜點飲品，這會讓我享受美食美味又不影響健康。

如果能長此以往，根本就不會變得太胖，女人捍衛自己的美麗，就是在比拚各自的才華。不要總是覺得自己做不到，或認為這純粹是在投男人所好，自卑和淺薄向來是我們成長路上的攔路虎，不漂亮的臉和心首先就會阻擋你看清自己和認識世界。而一個長期生活在抱怨和不滿、缺點和狂傲、陰謀和心機中的人，容顏首先會日漸醜陋，靈魂更是乾淨不到哪裡去，和這樣的人交往、合作、生活，結果可想而知。

高顏值的人生活和工作境遇都不會太差，你以為就靠臉嗎？那些真正漂亮的人都用自己最卓越的才華，先管住了嘴，又管住了心，才有能力運籌帷幄，無懼年齡，不畏將來。

對將來真正的慷慨就是把一切獻給現在，你現在的付出都將是一種沉澱，它們默默鋪路，只為讓你成為更好的人。你當然應該喜歡自己，你也當然可以強調處處都要真實，但這個真實的你不一定就是活得漂亮的你，而且因為這種固執，你又太有可能越活越醜陋。

或許你也可以做得更好一些，看臉的世界沒救了，但我們一直就有救，瘦一點點就美呆，美一點點就自信。從此以後，我們也理直氣壯去看臉！

女人哪些行為舉止，會讓別人覺得你很優雅

上班、約會、健身、旅行、居家，什麼場合穿什麼衣裝，不亂穿就是一種最基本的講究，比如不穿專業跑步鞋去吃飯看電影，不穿牛仔褲去參加婚禮。你永遠不知道會遇見誰，誰又會喜歡上你，都說想過上更好的生活，優雅是其中的一部分。

你今天穿什麼等級和品牌的衣服量力而行，但一身搭配上絕對要有細節，比如整體色系和手中的包包呼應，或是一條絲巾替暗色穿搭點綴，或是一雙美鞋就吸引了無數回頭率。少即是多，局部貴最貴，時刻精緻就是優雅。

站有站相坐有坐相，說話不要手勢太多，不要晃動身體，更不能喝湯出聲吃飯咂嘴，不知道怎麼做就去上禮儀課，觀察一下別人的言談舉止，優雅的你也會喜歡，粗俗的你也會討厭。都說想遇見更好的人，你自己好嗎？

有外人的場合手機都靜音，不要大聲接打電話，你可以寫粗話，可以在心裡狂奔一萬匹草泥馬，但面對任何人說話絕不能爆粗口，真有人身攻擊的危險，舉手還擊都比罵人更有效。實在生不出溫柔的聲音也無妨，但請降聲調。

喜歡的東西自己去買、去吃，唯獨不要約會、聚會等著別人買單，斤斤計較到飯還沒吃完就一臉不高興。或是伸手向男人要錢和禮物，活得廉價不值錢的女人永遠不可能優雅起來。你不配擁有的時候，生活也絕不會給你。

約會的時候杯子上沾了口紅，要趁別人不注意的時候偷偷擦拭，補妝去洗手間，即使在家裡化妝和換衣也不要當著男人的面進行。女人的美要在不經意間，刻意的展示和索要，都會因為「刻意」變得不再優雅與可愛。

你很愛一個男人也不要如狼似虎地去生搶硬拉，不碰有家室的男人，即使再怎麼拿愛情說嘴，「小三」都是一個恥辱的存在。你當然可以表白或是接受表白，但優雅的女子只會撩到男人按捺不住，然後一切都是做出來的水到渠成。

和家人之間不算計也不計較，可以敬而遠之，但絕不惡語相加，包括你男人的家人。和外人相處不太好也不太壞，該說利益說利益，應該拒絕就拒絕，永遠對事不對人，保持禮貌的距離。優雅的女子不會和公婆撕破臉吵架，不會對外人抱有任何期待。不會見人就炫耀家底和曬恩愛，不會見什麼人都強調自己有涵養有內在，你所有的言談舉止都是你的顏值外在，真有品味有文化的人一眼就能看穿。優雅的女子也大多不會強調內在，外在卻是時時刻刻的低調奢華。

一個能把自己照顧好的女子，必然也是優雅的。一個人吃飯，一個人看電影，一個人旅行，家居整潔身體乾淨，能獨自享受這個世界的美好，也能獨自消化生活的苦樂傷愁。人太多你會迷失，話太多你會說謊，事太多你什麼都做不好，問題太多你的智商是負數。

優雅的女子都保持著簡單的情感關係和生活圈子，要麼談情說愛，要麼工作賺錢，要麼喝茶吃飯，分享友情並且也能有所收穫。你驕傲的樣子不是裝，而是你活著的腔調，哪怕在不那麼體面的境遇裡也能微笑應對，完全相信自己。

控制情緒不大喜大悲，只訴溫暖不言傷，默默努力攻城掠地，只說美好跨越陰霾，藏起夢想從不放棄，無愛不歡懂得取捨，這是優雅女子的基本修養。現在做不到沒關係，但至少你應該在變得優雅的路上，和更好的人殊途同歸。

護最貴的膚，熬最深的夜，吃最素的菜，操最葷的心

小敏喜歡買各種口紅和面膜，常常在社交平臺上傳自拍和護膚心得，儼然一副美妝和護膚品達人的模樣。他總是說自己十八歲，但膚質並不算好，痘痘經常此起彼伏，還有斑點的困擾。所以他喜歡濃妝，看起來三十好幾，實際年齡不過二十八。

而且，他很胖。因為經常通宵熬夜，小敏養成了三更半夜還要大吃一頓的習慣，大多是串烤、火鍋、炸物和小龍蝦之類的重口味。前段時間他有了男朋友，做遊戲行業也是夜貓子，凌晨三點從公司出來去吃滷味，再回去睡覺也成了常態。

小敏做品牌促銷人員，覺得很適合自己，那家最高檔的購物中心開門不早，晚下班也符合他的作息，何況這裡還有各大品牌化妝品和護膚品。小敏從來都是什麼最貴買什麼，薪水當然是不夠，但可以找父母和男朋友要錢。美其名曰：「這是個看臉的

時代。」我想起之前寫過一篇文章，裡面說起有些父母因為所受教育的缺陷註定要被淘汰，下面就有女孩留言：「我就喜歡到處去旅遊見世面，可父母老抱怨我還沒工作就知道亂花家裡的錢，我也覺得他們過時了。」

所有事情都有其兩面性，偏執一面過分追求臉面和遠方，往往結果是再沒有了臉面和遠方。這位女孩的人生才剛剛開始，就已經因為自己的淺薄無知被時代淘汰了。

小敏卻樂此不疲，一面護最貴的膚，一邊熬最深的夜，一邊修圖發社群動態。他當然知道太胖拍照不好看，但身體不好用修的變瘦，臉卻可以變成「蛇精臉」，外加一雙巨大的眼睛。結果發的全身照比例嚴重失調，引得大家驚嘆其「鬼斧神工」。

現在化妝品的使用也呈現低齡化，想到我們上大學的時光，沒有女生化妝，護膚的也只有一些普通產品，但個個素顏都泛著青春的光芒。那時候的男生女生普遍愛運動，也經常會舉辦郊遊爬山，胖子同窗很少見。

我曾仔細觀察過女兒的大學同學，化妝的占到一半以上，而濃妝的女生明顯要比同齡女孩顯大，化出了一臉滄桑感也不足為奇。我是贊成女性化妝的，但三十歲之前除了口紅和能顯得肌膚白皙的打底防曬類，買化妝品的錢不如去買適合自己的護膚品，濃妝對任何年齡段女性的日常來說，都最好不用。

青春，就是最好的化妝品，睡眠，就是最佳的護膚品，少吃，就是最棒的減肥藥。運動，就是最美的馬甲線。

愛芳去年宣布自己皈依吃素食，還在家中單獨裝修了一間佛堂，要每天打坐念經。他脫去華服只穿布衣布鞋，每天出門不拿名牌包而是拿起了竹籃帆布袋，他說自己現在心如止水，別人卻都當他是受刺激至深。

結婚十幾年老公賺了萬貫家財，也養了小三、小四和小五，據說有一個孩子都生了。但愛芳不會離婚讓位，用他的話說：「為了孩子，再說我不可能讓別的女人撿便宜。」愛芳之前是發現一次鬧一次，也用錢幫老公打發過別的女人，但這幾年根本管不過來。而且一吵架男人就十天半個月不回家，畢竟孩子還要見爸爸，愛芳就屈服了。老公看在兩個孩子的分上說了不離婚，但也別管他在外面做什麼。

原本覺得愛芳有精神寄託也好，既然離不掉婚就先整理已經成了黃臉婆的自己，畢竟還不到四十歲。可事情卻並不是向著「心如止水」發展，朋友相約吃飯，愛芳必選素食館，說一點都聞不得肉的味道，然後就連蔬菜都要自己種了。

他報了個辟穀養生班，動不動就關機十天半個月說要去閉關，再出現時說自己已經排毒養顏、身輕體健、肌膚勝雪。其實外人也沒看出他瘦了多少，又美了多少，但你不能說，否則愛芳會跟你辯論個沒完沒了。

就這樣愛芳修了一年後，老公不僅沒有回心轉意，反而開始轉移公司資產。愛芳得知消息後殺到公司財務部查帳，但也沒查出什麼端倪，只是發現老公又替別的女人買了房子。鬧過後，以老公把另一棟別墅過戶到愛芳的父母名下擺平。

愛芳每天在佛堂待上了更久的時間。兩個上小學的孩子都交給了父母和保姆，老公每個月也就回來個一兩次，公司財務部會按時把生活費匯到愛芳的帳戶裡。

再後來愛芳在養生班和其中一位師兄生了情愫，據說對方才華橫溢，不知道做什麼，反正是經常雲遊各地。愛芳上傳兩個人的聊天截圖，都是凌晨的時候，曖昧的調情，其中有那個男人半躺在床上的自拍。

愛芳問我：「他是愛我嗎？」我無言以對。兩個都說長年吃「素」的男女，還是壓不下深夜想「葷」的心。認識沒多久，他就在男人的老家替他家人買了一間房子。

今年愛芳想到了離婚，他把這個心思告訴男友，對方卻一副提不起興趣的樣子，問得多了就換得沉默。後來有知情人告訴愛芳，那個男人有老婆，孩子都上大學了。原來愛芳買的房子裡，還住著那男人的妻兒。

那段時間，愛芳待在佛堂裡的時間更長了。其實也沒有人要求信佛就必須吃素，必須戒掉俗人情事，但有男女用所謂信仰騙自己逃避、騙別人上床，就太有手段了。

這時候愛芳的老公又把公司行政人員的肚子搞大了，女孩哭哭啼啼找上門，老公給了一筆錢打發，愛芳不得不先帶他去醫院做流產。

吃最素的菜，卻操著最葷的心，愛芳又在如此修行的路上走了一年，還是沒有變得身輕體健和肌膚勝雪，反而越發蒼老憔悴了。永遠不要低估環境和習慣對普通人的影響，身邊有爛人，爛事不間斷，心情糟糕透了，你又怎麼會心靜體安？即使是渣男的愛情，一旦養成了女人的習慣，也會走火入魔以為這就是自己的命。

遠離糟糕的人事環境，清理圈子眼不見為淨，觀念不同的人別聊，不可靠的人別信，這麼做遠比天天面對糾纏，又強迫自己忍耐和修行更有效。

願我們走過千山，仍保有美顏，願我們閱盡繁華，仍充滿童真，前提是熱愛生活，並且不辜負自己。別再假裝著養顏和養生了，女人最耗不起的就是時間。

Part 6

愛情是不可或缺的一味藥

女人之所以要保持時時刻刻的精緻與優雅，
擁有自己生活的姿態與腔調，
就是在為每一次遇見做伏筆。

女孩，你還是向男人圖點什麼吧

我深更半夜收到小喬的電話，他正站在男友所在城市的機場哭哭啼啼。小喬和那個男人在一次戶外旅行中相識，他一見鍾情就有了幾夜的相伴。一南一北兩個城市，雖然不算太遠，小喬月入幾萬元人民幣的工作也足以支付每月往返幾次。但那個男友回去後就變得躲躲閃閃起來，從未去過小喬的城市，都是小喬去找他，連飯店住宿費男人也未支付過。

小喬經常在社群動態曬恩愛，但照片上從沒有男人的正臉，他說：「他是理科男，比較害羞。」其實真沒幾個男人喜歡和女友到處玩自拍，然後任其發得滿世界都是，這個我能理解。可那個被小喬稱為「男友」的男人在一年的時間裡，除了配合著來找他的小喬上床，其他的他都隻字不提，更沒有什麼表白和禮物，幾乎都是小喬花錢，甚至在他生日時送貴重的男裝。但小喬不在乎：「麵包我自己有，他只要給我愛情就行了。」

「麵包我自己有，你只要給我愛情就行！」最近我經常聽到和看到這句話，被很多看似獨立收入也高的女孩自豪地掛在嘴邊。在一段情感關係中，自己有能力買單的女孩，當然會比不願買單或是沒錢買單的女孩更具備主動性，但這種主動性不是要買全部的單，而是選擇做正確的事情，有能力愛，也有能力不愛。你是在包養男人嗎？優秀的男人不可能被女人包養。想娶個富家女的男人如今也不在少數，你有足夠的錢也無可厚非，但這類人群中渣男無數，大多是女人自己人財兩空罷了。

小喬不是富家女，只是對愛情很投入。上個週末男人說自己忙著加班不讓小喬過去找他，但因為這段時間男人對他格外冷淡，小喬還是在週五晚上飛了過去。結果男友訊息不回，手機也關機，他和他相處了一年連他住在哪裡都不知道，每次見面都是在飯店和餐廳。聽到小喬的哭聲漸漸平息，我讓小喬馬上去買機票回北京，如果沒有飛機就查詢火車，反正越快離開那裡越好。其實小喬這樣已經不是第一回，上次是大年初三的寒夜，他也被男人用這種方式扔在機場。那個城市的冬天會下雨，小喬曾經說自己忘不掉那一夜的極寒。可他很快還是忘了，也許傷得還是不夠狠。

在我看來，那個男人其貌不揚，工作一般，收入只能維持在小城市生活的水準，父母在更小的縣城開了間小超市生活。身為北京人的小喬沒打算去他的城市，父母也不會同意，三十三歲的男人也沒有勇氣來北京重新打拚，一直說小城市安逸。我曾經問小喬：「你圖這個男人什麼？」

他回答：「我就圖他對我好。」

我又問：「他從未對你示愛只是和你上床，他從未為你花錢只是花你的錢，他從未帶你見過朋友和家人自己也不來北京，他要求你呼之即來揮之則去，不高興就關機把你扔在機場，他哪裡對你好？你自己是有麵包，可他給你愛情了嗎？」

女孩，你可以圖一個男人長得帥賞心悅目，你可以圖一個男人有才華可以讓你崇拜，你可以圖男人哪怕資質平庸但有教養有愛心，你甚至可以圖一個男人有點錢可以讓你有依靠，但唯獨不要只圖一個男人在嘴上對你好。這種「對你好」也許根本不是源自愛情，而是不可告人的目的和肉體上的欲望。即使是真愛又如何？一個目前什麼都沒有只有愛情的男人，也很難保證自己的「對你好」能維持多久，其中的變數太多，首先就是他自己承擔責任的能力和成熟度都欠缺，這可不是女人單方面想提攜幫助男人就能有好結果的。

如果把愛情給成了恩情，落到最後都將是仇。

小喬終究還是決定離開那個男人了，其實還是應該慶幸，他雖然夠渣但還不是最渣，不然利用小喬來了北京，只怕小喬損失的遠不是一年的時間和現在的小錢。面對小喬的愛情和熱烈，他到底還是膽怯了。

經常有女孩問我：「選擇愛情的前提是什麼？」

首先是女人自己有能力承擔愛情，上學時的愛固然純美，但往往不會有結果，最多只是演練和回憶，所以越是年輕時的傷痛越是會很快過去，不值一提。等你有工作且經濟獨立的時候，再去面對和經營一段愛情最佳，但前提必須是男人和你旗鼓相當，你們在一起能夠相互幫襯、相互成就。

如果戀愛後你的生活水準被拉低了，或是痛苦多過快樂，你都應該果斷分手，暫時沒有人愛不要緊，要緊的是你不要浪費了提升自己的時間。

沒有愛情的時候你就努力去賺很多錢啊，才華不夠就先去拚臉拚身材。每天記得敷張面膜早睡覺，控制飲食減肥健身，當你能管住嘴控制體重的時候，自然就擁有了自律的能力，這時候再去累積經驗拚才華，或許事半功倍。要知道，如果你什麼都沒有，想去圖男人什麼，你都是沒有資格的，如果只靠臉、靠年輕圖到了男人的錢，用起來也未必都像表面看起來那麼爽，誰用誰知道。

女孩，談戀愛的時候你還是圖男人點什麼吧，如果傻呼呼的只圖他對你好，你自己再有麵包，愛情也會對你造成傷害，因為沒有能力負責或是根本不願意盡責的人，總是太容易就被現實打敗。

如果你還很年輕，圖一點什麼，即使不能永遠也不至於傷得太深，如果你已經不再年輕，更要避開得不到之苦，不然你會老得太快。

麵包你有，有人給你愛情的同時也得有能力給你麵包啊！你要不要是一回事，他給不給又是一回事。**除了兩情相悅，任何單方面的喜歡都是心酸，除了相互成就，任何單純的愛情都是離散。**

難過得無以復加的清晨和慘澹至極的暗夜，總有結束時。

當生活只剩下了出軌的樂趣

微雅已結婚七年，老公是公務員，現在孩子上了小學，他在一家外商上班。在那個小城市裡，一家人生活安穩，雙方父母也都有自己的退休金，還時不時貼補微雅的孩子。

微雅在上海讀書，身邊不少同學選擇留在大城市發展，但微雅和老公畢業後都回到父母身邊。他當年的話：「女人能嫁個好男人，踏踏實實生活也不錯。」

可最近兩年微雅越來越不安分了，先是看到上海回來的同學個個都比自己混得好，有的還嫁了老外打算定居國外。而自己和老公的感情卻進入了所謂的七年之癢，話說少了就是彼此沉默各做各的事，話說多了就是吵架生氣，連睡覺都一先一後，一個月也懶得有一次性生活。

微雅覺得自己當年並不是為了愛情結婚，而是因為養成的習慣和父母催婚。現在三十多歲的他在同學面前感覺是白活了，當年也應該留在上海，憑著自己的姿色，怎麼樣也能嫁個有錢有品味的男人。

去年微雅公司換了新的區域總監，一個在國外工作多年的男人，英俊挺拔也風趣幽默，這讓見慣了小城市裡肥胖油膩男的微雅耳目一新。用他的話說：「我感覺自己又回到大學時代，渾身都是青春的氣息。」

不過是荷爾蒙的鹹濕味道，微雅無可救藥地愛上上司，男人有家庭，妻子帶著兩個孩子在國外生活。兩個人一起出差，既然女人主動，兩個人就睡到了一起。但上司說得很清楚，關係僅限於此，互不影響彼此家庭，誰違反了遊戲規則誰就出局。

微雅開始時也答應得很爽快，但很快就控制不住自己了。上司很得女孩喜歡，微雅醋意爆發，開始有意無意地暴露自己和上司的情人關係，全然忘記自己也是個結了婚有家庭的妻子和媽媽。

微雅和上司的情事有朋友知道了，告誡他要珍惜眼前的家庭，畢竟老公工作穩定對家庭也很負責。但此時的微雅，滿腦子想的都是上司任期滿了會帶著自己出國結婚，自己的孩子也能去國外上常春藤名校。這一點，現在的老公是不可能做到的。

儘管身邊人都覺得是微雅異想天開，唯獨他自己認為這是在勇於追求愛情，老公已經不再適合自己。但說到離婚，先離婚離家再去追求新生活，他又猶豫了。

因為他愛的這個男人也有家，而且連「離婚再娶你」這種承諾都沒有說過。人家一直都在玩遊戲，並且和面對事業一樣嚴謹，這一點微雅不是不知道，只是覺得自己能搞定這個男人，讓他愛上自己並且最終欲罷不能。

面對身邊人一面倒的反對，微雅問我：「作為現代女性，有老公和孩子了，如何處理自己遇到的婚外戀情呢？我知道很理性地說肯定是不能有這種事，但是我想聽聽，就算結論一樣，但還是會有不一樣的說法和見解！」

有老公有孩子的現代女子就可以有婚外情？理性說不能有這種事情，感性拿愛說事出軌就有理？出軌就是出軌，背叛就是背叛，沒什麼不一樣的說法和見解。

怎麼樣，我一邊說出軌還兩頭都占著的男人是渣貨，我一邊還得給出軌的女人立個貞節牌坊，說為了愛情出軌就是女人的榮光？

再說，我支持你出軌有什麼用？你不會離婚，婚外的那個男人更不會離婚娶你。

沒多久，微雅的上司跳槽去上海某大公司做營運總監，更意外的是，他帶走了另一位女同事——大學畢業才兩年，為人聰慧努力，出任了新公司要職且拿高薪。

這件事在微雅的公司引起轟動，女同事拚的是才華不是上床。他知道靠自己的能力跟定一個強人上司，也能早早開疆拓土從職場新人蛻變成菁英，而且他也有不輸給微雅的顏值，這樣的女子前途是不可限量。

微雅更是在羨慕嫉妒恨裡惶惶不可終日，面對這樣一個強人，自己不光做不成什麼人生伴侶，連做個被提攜的同事也輪不到他。他哭哭啼啼打電話給人家，希望能帶他跳槽，但前上司很冷漠：「工作上你又能做什麼呢？十年都只是一個行政人員。」

再回歸家庭的時候，微雅發現和老公之間的關係更冷漠了，老公還和之前一樣，他卻怎麼都回不到從前了。可離婚去追隨他認為更優秀和配得上自己的男人嗎？微雅終於斷了「神一般的自信」，但又陷入「男人都不是好東西」的顧影自憐。

沒有不動心的男人，但有自制力很強的男人，沒有不多情的女人，但有原則性很強的女人。所以，別說出軌就是有理，愛情也有迫不得已。

很多時候所謂的為了愛情出軌都是因為太閒，有錢有閒思淫欲，沒錢有閒也喜歡想入非非。男人在別人捧自己的路上刷存在感，女人在別人上自己的時候找價值。

抛開女人貪心不說，有些女人的出軌確實也有對男人的失望和對婚姻的絕望，把婚外情當成是權宜之計。在忍受著丈夫背叛、婚內寂寞的同時，他們又或多或少地留戀著某些現實的好處，或難以割捨的情感。

在這樣的痛苦煎熬裡，有的女人就用出軌來補償情感的失落和報復不忠的丈夫，這是可憐又可悲的舉動。你不要虎穴沒出就進狼窩，把自己搞得人不人鬼不鬼，見不了新天日。當然，你有權利選擇在這棵樹上沒吊死的時候，又爬上別的樹吊死。

當生活只剩下了出軌的那點樂趣，其他什麼事你都無心也無力了。與其說倒楣的人都是不好看的長相，實在是因為你整天忙著雞鳴狗盜，就免不了混跡在爛人爛事之中不能自拔，心不乾淨，面相也好不到哪裡去了。

如今這個年代，曬來炫去的，套路或許各有不同，但都是一個結局。再怎麼拿愛情說事，無論有多少迫不得已，出軌和小三都是一種恥辱的存在。

其實女人都想被這樣的一個人深愛

Z先生年方三十，個不高貌不揚工作一般，但脾氣很好，特別是對女人總是極盡體諒與溫柔。即使是全公司男人都不喜歡的女同事，他也能和人家一起午休用餐，聊得高高興興。

Z先生喜歡女神級的女孩。可有這種顏值的女孩看不上不帥錢也不多的Z先生，但做個男閨密卻是最佳人選，再加上Z先生是那種任何女孩都能借肩膀的男人。但尋尋覓覓幾年後，Z先生還是單身。

後來Z先生也結婚了，老婆和女神相差甚遠，但可以幫Z先生安定，據說也很愛他。之前借過肩膀的女孩另嫁他人後，遇到什麼痛苦煩惱還會接著吐給他，於是婚後的Z先生還是個擁有眾多女性朋友的男閨密。

他經常需要和老婆撒謊，找各種機會去約會別的女人，有時候三更半夜還得拉著好友們一起打掩護，繼續借肩膀給所謂前任們依靠和取暖。老婆卻在謊言裡獨守空房，還以為自己老公忙碌上進。

Z先生這種男人被身邊很多女人稱為「暖男」，只暖不相干的別人，身邊人卻換得薄涼。前段時間老婆懷孕，Z先生藉口照顧把他送到丈母娘家了事，轉身就在群組裡說：「我老婆懷孕回家，我終於自由了，各位約起來哈。」

所謂暖男，到底夠不夠暖？又暖到了誰？

L先生差不多年紀，不光顏值高，職位和收入也比Z先生高出一大截，但他卻和身邊所有的女性都保持距離，顯得冷淡難親近。主動跟他開玩笑或是硬親近的女孩往往會換得他的直言拒絕，甚至是所謂譏諷。

L男生有相愛的女友，偏偏還有女孩喜歡迎難而上拚命死追，結果L先生說：「你和我女友差了不只一個級別，還謎一樣的自信？」已婚女子向他表白，L先生說：「你有丈夫和家庭，四十多了還發少女狂？」女人紛紛把他列為直男。

但另一方面，L先生情感忠貞深情，對女友和家人極盡寬容體諒，有高職位高薪卻最喜歡回家陪伴家人。和前任不相往來，和一切女性保持距離，甚至一度被傳他不近女色是因為喜歡同性。L先生對此一笑了之：「有我女友理解和欣賞就足夠了。」

L先生的肩膀只給家人，能尊重規則的女孩他給予尊重，非得談情說愛的他乾脆拒絕。因為高富帥，他到處被傳緋聞，卻從未有人說得出女人是誰。他一直被罵直男癌，卻還是更招各路女孩喜歡。

你說話不能太直，因為被哄是大部分女性的強烈需求。你消費不能太直，因為如果所有的錢都用來解決生活需求，就不浪漫。你婚戀觀念不能太直，因為這會篩掉很大比例的前衛且自信的女性等等。

看看直男犯了多少忌，因為有些女人越來越做作，小時衣食無憂，長大多愁善感，總是喜歡討論情緒而不喜歡解決問題。或許根本就不用自己去解決，因為要麼靠男人，要麼靠男人的錢解決。

所謂直男，原本是指在任何情況下都只喜歡女性的男性，也就是異性戀男性。直男本不是什麼貶義詞，之所以加個「癌」字就成了男人渣的一部分，當然是因為消費主力軍的女人不喜歡男人直來直往，特別是自己喜歡的男人對自己直言不諱，全然不顧男人是不是喜歡自己。

L先生說：「一我和你不熟，二我又不喜歡你，為什麼你開玩笑我就得笑，你說什麼我都得捧，你什麼愛我都得答應？喜歡我的人多了去了，你又算老幾？」

L先生這種直男，哪裡不對？誰又會討厭？

當下社會其實是十分推崇真正的直男，這種直男顏好、錢多、地位高，有房、有車、有鈔票，又瘦、又高、又霸道，他們是行走的荷爾蒙、移動的生產力。

霸道總裁影視作品興起，和這種社會思潮不無關係，畢竟古往今來，社會都還是推崇強者的。他霸道、專斷、自負、大男人主義、不懂女生心思，活脫脫的一個直男。但他可是霸道總裁，而且往往只會對他愛的那個女孩情有獨鍾又深情款款。

那為什麼有些女人批判直男呢？我只能說他們不是「真正」的直男。社會價值不高，或者乾脆就是個無德無底線的渣男，因為得不到優秀女性賞識，就先向別人流露不滿，要求女性壓抑自己的真實欲望，去無限貼近自己所期望的「理想女人」。

換言之，你又窮、又醜、又沒錢、又不上進，還有脾氣，女孩一看你都這德行了還有大男人主義的資本嗎？還配自負嗎？還不甘心當個哈巴狗來哄老娘？就是十惡不赦的直男癌啊！

這樣的直男往往來自鄉下或者家庭不那麼好的環境，很多都有一部心酸血淚史，是魯蛇心理作祟的沒自信表現。最明顯的表現就是「吃不到葡萄就說葡萄酸」，女人和他在一起一定是為了錢，不和他在一起一定是嫌他沒錢，有被害妄想症。

如此直男的擇偶標準：我想找一個單純點的，聽話，沒主見，百依百順的女孩。他內心覺得這樣的女孩最好駕馭。同時，也喜歡替其他人貼標籤——你那麼愛玩，婚後一定不檢點；這個女人這麼漂亮，他一定不適合做老婆；他穿得那麼少，不騷擾他騷擾誰等等。

這其實不是什麼直男，是自卑猥瑣男好嗎？

而那些真正的直男，除了對底線堅持，對情感忠誠，距離感涇渭分明，還有一個最大的特點就是你跟他講情趣，他跟你講解決之道。

真正本分做事情的人應該知道，生活不容易，賺錢不容易，要做點什麼都不容易，所以哪來的那麼多壞情緒可發？而那種連愛情方向都搞不清楚就飛蛾撲火的女人，直男連拒絕的話都只說一遍。你無法贏得他的尊重，他只會還你冷漠。

直男早就明白只能靠自己，發現他要不斷解決問題才能生存。他不能讓壞情緒支配自己，讓無聊的事情擠占生活，也不想懂那些很做作的女孩，甚至不屑跟會惹麻煩的人交往，他的時間容不得一點浪費。

在中國，有很多女性連工作都不會做，做了也處處以弱者自居，不求上進的比例比男人有過之而無不及。即使有些所謂的女強人喜歡和男人爭強鬥狠，可關鍵時刻又總是希望男人讓著自己，永遠用女性思維去猜忌身邊的男人和工作的同事。

他們討厭直男的直，他們希望善解人意，喜歡身邊的雄性都圍著自己轉，不能得逞就替直男貼上個「癌」的標籤。

所以，只要讓這些女人覺得不暖的，都是直男。那什麼是不暖？只要不符合他們的利益，就是不暖。

「直男」這個詞是被女權用來貼標籤，女權抗爭的對象是直男癌？女權一開始的抗爭對象其實是男權的壓迫，但隨著抗爭的擴大化，表現更情緒化的女人就走偏了方向，把那些持不同意見，或是不願意盲從的男性視為需要抗爭的直男。

可問問L先生身邊的女人，或是那些有幸成為他事業合作者的女同事，人家卻從未覺得L先生有什麼不好，相反的卻更深情更執著，是真正可以保護家人和提攜同事的強者。

年輕的時候我也不喜歡做事一板一眼、說話不多說了也直擊本質要害的男人，現在卻想說一句「我愛直男」。跟他們成為同事我們也能所向披靡，跟他們談情說愛我們更能獲得幸福平靜。

因為我長大了，懂得做事認真，愛人忠誠，重視個人生活品質的男女，才是真正菁英人群，而整個社會的進步是要靠這些男女支撐和推進的。

在我們還不夠成功、不夠強大、不夠錢多，還不配說情懷的時候，面對這樣的菁英，我們至少應該致以敬意。

想要被愛的女子，要麼常換衣服，要麼常去讀書

每個女人都會嚮往或者曾經嚮往擁有美好的愛情，和那麼一個自己期盼的男人恰好有了一場堪稱傳奇的遇見，然後又有了一段驚心動魄的愛情，有時候甚至可以不管不顧結局如何，因為能夠擁有一次就足夠回憶一輩子了。總是有女人問我：「怎樣才能遇到好男人？」我會反問：「你又是個什麼樣的女人？」可多半的結果是答非所問，或者乾脆看到一雙迷惑的眼睛。

物以類聚，人以群分，什麼樣的你就會遇到什麼樣的他，所謂命運的神奇也就在於此，生活中「麻雀變鳳凰」的事情也不是沒有，但此中的「麻雀」必須自己擁有蛻變成長的能力，不然這輩子就只能是麻雀嫁麻雀。

Z小姐這幾年一直在積極相親和談戀愛，可兩段戀情都是維持不了多久就沒了

後話。他說：「不能怪我啊，我對每段戀情都很認真，就拿上一任來說，我對他那麼好，可他還是要分手。」我問：「你對他哪裡好了？」

Z小姐想了一想後說：「我每天都打電話給他和傳訊息關心他，有時候他忙我就去醫院等他下班，我還提出要跟他回家看父母什麼的。」

前任和Z小姐相處同居了近一年，Z小姐想談婚論嫁的時候卻分手了。Z小姐所說的「好」就是把那位先生管得密不透風，手機要看，錢包要管，出門聚會也要跟著，上個班也是電話訊息輪番上。而前任是位醫生，光是不能隨時接電話和看手機這一項，就夠Z小姐懷疑吵架鬧了。

Z小姐和上任談戀愛的時候失業過，因為醫生職業的高收入他無心再工作，藉口是想趕緊結婚生孩子。一邊是敬業努力的三十歲醫院菁英，一邊是不努力也不上進的三十歲失業女人，這次緣分原本是很普通的Z小姐的好運氣，卻還是被他自己弄丟了。他曾經為此很痛苦，說自己再也不相信愛情了。我說：「既然他優秀多金又彼此相愛，那你對他好的首要內容，就是要為他把自己變得更好一點。」

愛情，你相信了才會有。而你是什麼樣的女人，就會遇到什麼樣的男人，即使上天給了你一次好運氣，自己不能自省不能共同成長，早晚也是相忘於江湖的命。韓劇之所以讓女人們喜歡，無非是因為裡面有帥哥再加上至死不渝的愛情，而且大多是平凡女孩被高富帥一往情深地愛著。可仔細歸類這種所謂的「平凡」，女主角哪一個不是堅強獨立又善良樂觀？原來如今的「灰姑娘」不只是會做夢，更會做事，頑強生存靠自己就能蛻變成「白天鵝」。

生活中的女孩卻大多是貨真價實的灰姑娘，除了做夢什麼也不會，青春就已經過成灰黑一片了。男人都是外貌協會的，誰都不會去喜歡那些不漂亮還不可愛，不可愛還不能幹，不能幹還沒有好性格，沒有好性格還好吃懶做，好吃懶做還做喜歡做「灰姑娘夢」的女人。

不愛你就不可能疼惜你，沒有了疼惜，男人的心總歸是留不住的。越是有能力有情意的男人越是喜歡守護弱小，但弱小絕非弱者，你只會在別人的作品中做夢就會成為一個弱者，要知道，即使是金錢也難以改變弱者的姿態，倒會因此變得更加土氣和貪婪。弱者極容易成為當今社會乃至情感生活中的累贅，不要和沒有進取心還易怒的弱者交往，這句話本身是沒有什麼錯的。

也有人會說韓劇又不是生活，哪有那樣浪漫傳奇的愛情？可我還是想說，生活中不僅會有，而且有過之而無不及，因為那些纏綿與溫暖都是純真男女心底深處生出的天然情愫，有些時候擋也擋不住，關鍵是我們還是不是這樣的女人或是男人？年輕的你如果不相信這樣的愛情，就不會遇到，遇到了也會錯過。擁有這樣的緣分也需要天時地利人和，大部分遇不到是因為我們本身欠缺這樣的素質，而不是世間沒有浪漫愛情和真心愛人。

害怕選擇和承擔的人比比皆是，而生活的精彩和愛情的美好也在於此，你選擇了或許才會有機會，你承擔了或許才會柳暗花明，桃花源一直長在某些人的心裡，外面淒風冷雨，內心也溫潤有力。遇到了，就沒有男人會捨得離開這樣一個女人，你的內心有風調雨順的桃花源，他的天空陰晴圓缺才會都是美。

如果你喜歡身體飄著淡淡肥皂香的乾淨男人，那你也要每天洗澡換衣潔淨美好；如果你喜歡樂觀自信有心胸有夢想也努力的男人，那你也要在追求夢想的路上執著勇敢又快樂堅強；如果你喜歡事業有成經濟條件好的男人，那你也要擁有自己的社會地位和人生價值。美貌不是最重要的，但如果一點都沒有就必須更加努力，生就門當戶對固然好，但後天成長也可以彌補先天不足，關鍵是你要克服曾經的自卑，放寬眼界，豐盈胸懷，走得遠一點，再遠一點。

我們要對情人有要求，但提前是我們要更苛刻地要求自己。不論什麼年齡，不論什麼條件，不論什麼境遇下，我們都要保持與愛我們的男人在心靈上同在。

男人終究不是女人的救命稻草，特別是那種只買得起油條豆漿的男人，女人的幸福指數在於眼前的男人是不是能滿足自己在不同時期的需要，就這一點來說，同一個男人是不容易做到的，所以想要一直快樂幸福，唯有共同努力共同成長。**蒼蠅叮的都是有縫的蛋，你如果總是吸引人渣，就要看看自己是不是也是同類。只有本身真誠美好而且表裡如一的人，才能獲得真誠美好的愛情，現實從來如此，並且無一例外。**

很多女人也在問我：「什麼樣的才算好男人？」好男人的價值就在於他對你好，並且只對你好。唯有這樣的男人可以愛上你的優點又接受你的缺點，有能力讓你過上穩定幸福的生活，守護住一個女人最寶貴的純真品質，永遠做少女。

愛一個人都是始於顏值，陷於才華，然後忠於人品。所以生活中那些想被愛的女子，要麼常換衣服，要麼常去讀書。

這世上，贏的，多半都是薄情人

多年前有位女性朋友遭遇老公出軌，自己也糾纏在各種吵鬧和詛咒裡很久不能自拔，老公卻帶著小三在朋友面前出雙入對曬恩愛。這位朋友不是不知道，而是什麼都知道，甚至還去老公公司鬧過，直到男人搬走提出離婚，他還是一副憐愛至深不離不棄的樣子。

我當時也在辦理離婚手續，雖然是自己的選擇，但獨自收拾一場情感殘局還是弄到身心俱疲。朋友那段時間常常來我家，因為都是單身狀態，開始時沒覺得有什麼不方便，畢竟他遭遇人生低谷，需要朋友陪伴。

一年的時間過去了，朋友還在離不離婚裡徘徊，還要再面對法院開庭，工作也受到影響。原本他想要老公身敗名裂，卻落得自己被調職，他一氣之下提出離職。鬧了下來他更是常常駐紮我的生活，祥林嫂般繼續嘮叨舊事，還是萬般不甘心，就是要拖著老公不離婚不能便宜他。

而我已經漸漸走出陰霾，換了新家新工作，除了這位女性朋友，原來的圈子也索性都不再來往，新生活就該一掃往日所有的舊物、舊事和舊人。

有一次同事相約吃飯，週末帶著他的男朋友來接我，我下樓的時候朋友正上樓，聽說我要出去，他非要跟著一起。一頓飯吃了三個小時，有兩個半小時都在聽朋友老生常談自己的悲慘過往。因為遇到新聽眾，他又在請教人家有沒有什麼好辦法不離婚等等，全然不顧我和同事的尷尬。

我清楚地記得，那位同事的男友跟我說：「女人更應該和生活幸福積極向上的人交朋友，這會為你帶去一些好運氣，你現在這位朋友一看就是個倒楣蛋，他除了消耗週邊人的時間，也會讓身邊的人沾一身晦氣。」

這位直男的話猛一聽以為是刻薄，但在以後的生活中，我無數次證明了這句話的現實與正確。

不久女兒上國中，我搬到離學校更近的地方，就斷了和這位朋友所有的聯絡，他也一定以為我和他老公一樣薄情。可又有什麼關係呢？

我再也不要看著他哭鬧，半夜來一通電話謾罵，時不時還會蹦出一則簡訊要死要活，我又不得不信了趕過去救急。然後不斷輪換重複，我看著他一日日面目可憎，其實無能為力，只是為自己平添負累。

再後來，我更加釋懷自己曾經薄情的決定，一個和渣男糾纏多年不眠不休的女子，根本也算不上什麼好。「可憐之人必有可恨之處」的可恨，無非是無能又無知，以為賣慘可以換得愛情和好處，這是對自己對孩子的最薄情。

而那些能變得更好一些的女子，即使曾經艱難苦痛，最終也可以擺脫別人的負累，過上沒有背叛、沒有傷害，至少是乾淨且安寧的日子。

好多年過去了，我早已經學會主動遠離那種很麻煩的人和事，和誰待在一起舒服就和誰待在一起，讓我不爽的人我也會惡口回應再封鎖，時不時發訊息或是大段語音訊息給我，用自己的那點雞毛蒜皮打擾我生活的人一概刪除。有毒的朋友、小人、戲精，馬上絕交封鎖，免得哪天你被薄情苦。

我每年都會整理朋友名單和通訊錄，逐一剔除圈子裡喜歡和已婚男人說愛情的文青、忍受痛苦婚姻不獨立的怨婦、劈腿出軌指責老婆不好的渣男。這樣的一些男女長年糾纏在混亂不堪的情感中，自身再也無力在現實的社會裡奮進努力，註定會成為疑心生暗鬼和滿身負能量的人，誰沾上了都會脫一層皮。

中國電視劇《我的前半生》中的男主角賀涵，無疑是社會的菁英人群，高薪高能力，高智商高EQ，英俊帥氣，還懂生活有品味，衣食住行無一不精緻、不潮流、不時尚。關鍵是人家還活得很大氣坦然，面對真愛還可以奮不顧身跑向他的女人。

他同時也是很多人眼裡冷漠又無情的傢伙，只會去幫忙值得幫忙的朋友，只會去愛自己能把握的女人。「把握」並不是「掌控」，而是男人也必須在女人身上得到的安全感。

賀涵的話聽上去刻薄直接，幼稚的女人當他是直男癌，有經歷的女人才會理解這是一種成熟男人的智慧。他有很多正經事情要忙，對於別人造成的愚蠢和是非，直擊要害和乾脆拒絕，倒省了很多麻煩。活得坦誠豁達，看事和做事永遠對事不對人。

與其說是賀涵把婚姻棄婦羅子君變成了獨立的職場女性，不如說羅子君也激發出賀涵身上的愛情荷爾蒙。賀涵是個對自己有要求、對自己的女人也會有要求的男人，這其實就是夫妻兩人同一片天空，在心靈上一直同在的基礎。

劇中的老金則是一個看似忠厚老實、實則惡毒都養在心靈背陰面的市井男人，就像是一隻癩蛤蟆，要麼你一腳踢飛，不然就會被噁心好一陣。

他送上門去買菜、做飯、拖地板，是因為和羅子君、唐晶和賀涵去個餐廳都自卑，他被羅子君的美貌打動，卻又不讓他穿得體面漂亮，是因為自卑也會演化成控制。他的耳朵可以軟到挑撥離間都聽，卻又硬到敵視賀涵的風度。

變臉變得最快的也是老金，喜歡的時候低聲下氣，被拒絕了還搞小動作，告訴商場中最愛八卦的女同事們，羅子君愛慕虛榮欺負老實人。做背信棄義的事情不會有好下場，直接導致羅子君丟掉工作。

老金這種忠厚老實人的惡毒，就像是飯裡的一粒沙子或是溜魚片中未挑出的一根刺，給人一種不期待的痛。他們有過失敗的情感卻未必成熟，只是算計，歷經了世事卻未必成長，只是老了。

正如賀涵所說：「要說絕對的真善美，老金並不比我高。」

我們身邊其實有很多這種看起來忠厚老實的人，自己一帆風順或是兩個人生活水準差不多的時候，是你好我好大家好。一旦自己有了變故或是別人過得更好的時候，所有的忠厚都會成為嫉妒，所有老實都會變成惡毒。

電視劇中不光各路女人對賀涵趨之若鶩，連各種男人也能為他死心塌地，賀涵的人品和能力自然是讓人放心的。和他談個戀愛已經是一場幸福升級，如果能嫁給他當然也是女人的福氣。

你身邊有什麼樣的人，你和誰在一起歷經怎樣的生活，都將影響你會成為什麼樣的人。餘生不長，和誰在一起真的很重要。在每一段關係中學到一些什麼、剔除一些什麼，那就不負一場場相遇了。

如果你還不夠堅強，就更應該遠離一些生活中的倒楣蛋、不上進的失敗者、情事混亂的渣貨。如果你已經很優秀，就自然會避開一些帶著麻煩和是非的人事，輕裝上陣獲得更多提升機會。

你不需要不珍惜的人，不需要廚師修理工，更不需要噁心你、利用你、欺騙你的人，你只需要一個可以和你分享你所看到的這個世界所有美好與溫暖的人。

這世上，贏的，多半都是薄情之人。號稱多情的人終會被所謂多情所累，沒有時間去栽培自己，沒有精力去關心注意顏值，沒有勇氣去相信自己，也沒有運氣再遇見好事良人。

薄情並不代表寡義，這樣的人對值得的人事往往表現得更深情更有責任感，更有能力給予身邊人幸福與安全。老謀深算出自對人事的敏銳洞察力，不擇手段出自對事物的專業自信，現實功利出自對生活品質的精益求精。

在此之前，願你早知人情冷暖，願你早日獨立堅強。

你的愛情，漂著一層油膩膩的蔥花

Q先生離婚多年後還是單身，不是不想找，而是一直在積極找。但相親無數次後，他就越發覺得沒有什麼女人能配得上自己了。他說：「你們女人不是圖房子就是圖錢，就沒有只為了愛情能什麼都不要結婚的。」

Q先生生於一九七〇年代後期，不到四十歲的上半身腫脹無數倍，激素吱吱作響，依舊熱愛女孩，萬物生長唯獨髮際線只退不長。他在物業公司工作，月薪五千元人民幣。他和爸媽擠在胡同深處的平房裡，也是吃住不花錢，每月給前妻孩子撫養費八百元人民幣，剩餘的錢據說過得很富裕。

他說：「我就愛吃麵條，給我山珍海味吃不慣，我自己有房子，萬一拆遷就值幾百萬元人民幣。」

但Q先生的擇偶標準是：三十歲以下，離婚也需無孩，相貌端莊，膚白貌美最好，大學以上學歷，有正式工作，月薪一萬元人民幣以上，必須有房，最好有車。你問他這不是圖人家有房有錢嗎？他說：「現代女人不獨立就沒人格，誰要啊？」

Q先生下班後坐在胡同口的餃子館裡，叼著菸挺著大肚子，叫了黃瓜小菜和豬肉大蔥餡餃子，就著兩瓶啤酒下肚，偶爾還會再烤上十個串烤。這是他每天最美好的時光，就是沒女朋友日子有點寂寞。

他說：「我現在是沒錢，但說不定哪天就是有錢人；我現在是什麼都沒有，但說不定有錢了就去健身減肥變帥哥，能看上我的好女孩就來吧，以後會讓你過上住別墅開BMW的好日子。」

Q先生要的女朋友，除了要自己有錢買花戴，還得賢慧傳統嫁雞隨雞嫁狗隨狗，一心為他付出全部的愛與錢。

其實對於根本不知道什麼才是「美好生活」的Q先生來說，除了物質和身體都呈現出了油膩，心靈和精神也是貧困交加的狀態，這才是真正的「中年危機」，甚至造成了未老先衰，尋愛的路上都飄著一股大蔥味。

他口口聲聲過平平淡淡才是真的日子，卻少不了想占人家有錢有房有貌的便宜。唯有此類油膩男難養，自己的利益永遠放第一，情早在欲望裡變成了米飯粒，愛早在私利裡變成了蚊子血，貪婪、懦弱、卑劣和賤骨頭。

如今社會，內在最是難修，所以所謂外在才會讓好多人追求，即使是眼前的苟且，也會成為某些人的「詩和遠方」。而心胸和器量是很多人一輩子都無法逾越的桎梏，不論窮還是富，少了心胸和器量，區別都不大。

Z小姐是某大公司的中階主管，前段時間偶然認識了另一位高階主管，據說年輕有為，還是個富二代。因為合作一個專案，兩個人接觸多了，Z小姐打聽出人家離婚單身，心裡立刻就得意洋洋起來，用他的話說：「我要嫁的就是高富帥，我的愛情靠追不靠等。」

生活裡真沒有幾個女人會認為自己不好看，你要讓人家變得更好看一點，很多人都會聽，你要讓人家變好看，很多人都會對你翻白眼。謎一樣的自信，全靠自己欺騙自己。

已經不年輕，Z小姐想談戀愛肯定不用別人教，他憑藉自己近水樓臺先得月，經常藉口工作約對方。有機會就大談特談身邊有一堆男人追自己，還有年輕小奶狗為他要死要活。Z小姐把這一項內容看成是「充分展現個人魅力」，並且非常重要。

我們身邊也經常有類似的現象發生，原本是一些大齡單身男女為搪塞別人好奇八卦的藉口，「我有很多人追」、「忙到沒空談戀愛」、「好男人太少」、「我很難愛上一個人」等等。可現在，這些都已經升級成了「個人魅力無可匹敵，沒幾個人配得上我」。

Z小姐一直不說自己的實際情況，只是用「萬人迷」姿態表達還待字閨中。但對方更聰明，一開始就明說自己雖然離異單身，但是已經有女朋友，早早拉開了一個安全距離。

這絲毫沒有影響到Z小姐的愛慕之心，反而越發覺得對方坦誠難得。也是，如今即使明知道對方結婚了有家庭有孩子，也擋不住那些就是要飛蛾撲火、以為自己會是個例外的愛情狂，哪怕搶到的是一團灰燼。

如此相處多日也未見有什麼進展，最近又有機會和對方一起到外地出差，前一天晚上實在忍不住的Z小姐傳了個訊息給男人，說第二天早班飛機怕睡過頭，讓他打電話叫他起床。

出差時Z小姐終於跟男人說了自己的真實情況，離婚單身，有兩個不到十歲的孩子和自己一起生活。男人還和之前一樣，淡淡的，看不出什麼想法和變化。Z小姐卻忽然被傷了心，哭哭啼啼地跟朋友說：「現在的男人都那麼現實，不就是嫌棄我離婚還帶著兩個孩子嗎？我又沒讓他養！」

朋友回答：「離婚，帶兩個孩子，比人家大，這些其實都不是問題。問題在於，一、人家早就說了自己有女友，你還去追；二、你都是兩個孩子的媽了還讓人家叫你起床上班，這也太能裝了吧？三、你做了沒有身價的事，就別指望有身價的男人為你停留。」

Z小姐身材雖然不少女，還想要少女般的愛情沒什麼錯，我也一直認為愛情和年齡沒多大關係，真愛來了擋都擋不住，不放開享受都可惜。只是，愛情裡首先要有兩個不改初心的人，歷經歲月風雨反而明眸善睞，閱盡千帆心底更加純淨堅持。

Z小姐是想為愛情撒滿玫瑰花，浪漫與金錢和嗚才適合自己的高檔姿態，卻因為不坦誠和裝純，臉上泛起的不是春光而是一層油膩膩的蔥花，謎一般的自信裡充斥著欲望與功利以及無處安放的「單身症候群」。

願我們遠離油膩和焦慮，談好戀愛，過好餘生，讓世界更美。在對的時間出現的，不可能是錯的人，在錯的時間出現的，也不可能是對的人，所謂對錯不過是一句感嘆，甚至只是一個藉口。你對了，時間也就對了。

人生最好的三種狀態：不期而遇，不言而喻，不藥而癒。如果我們能真正坦誠而淡定地進入每一次緣分、每一個時刻，慢慢品嘗那些最心動的一觸，即使再漂泊不定的生命，也能在冷漠裡生出動人的風采。

世界上只有一件東西，能夠始終經得起生活的衝擊和贏得愛情的青睞，那就是一顆寧靜單純的心。

如果你能在物欲橫流中守護好自己內心的純淨，那每一個當下，都是你的好時光，那每一次遇見，都是你的微微一笑很傾城。

去咖啡館，吵一場有關婆媳問題的架

週六傍晚，女兒看到我在客廳裡換了衣服、鞋子，拿了一個又一個包包比來試去，問我要去幹嘛？我答：「去咖啡館和他吵架。」

他樂了：「吵個架也要如此隆重，可見你的更年期也將與眾不同。」

如果不是這個小東西說起「更年期」，我幾乎忘記還有這一個讓很多女子未老先衰的詞。但在我的日子裡，這僅僅是提醒自己要運動健身，要和容易發胖的年齡段做對抗，要更加關心注意健康，要懂得惜福長樂罷了。

前一天晚上為了婆家的事和先生吵架，千方百計才終於讓他明白了一件事。不論公婆家難不難相處、遇到的事多不多、父母難不難說話、想不想花錢，作為我丈夫的男人，都必須就我們已經達成一致的事，去自己父母那裡為媳婦爭取正當權益和該有的尊重。

有時候不願意出力，出錢也可以解決很多問題。不論對媳婦還是對婆婆，後一種方式其實更管用，更能被說成是情分。婆婆不是媽，我也不是親女兒，有些話讓中間那個男人去直說，還算留了顏面。

我可以體諒和寬容很多事情，因為大多遇上的都是一種說不著和不值得說的情況。但婆媳關係卻是不一樣的情況，畢竟先生娶了我，我嫁了他，喊對方父母一聲「爸媽」前，都要有鄭重的表達和儀式。不然嫁了都是委屈，結婚也有麻煩。

等我打扮妥當坐在咖啡館露天座椅上，看著北京的初秋天空湛藍，落日餘暉清澈，連準備吵架的心也漸漸變得愜意起來。

先生從父母家回來，坐在我對面的第一句話就是：「其實也沒有那麼難，看樣子我們昨晚的架是吵早了，爸媽今天都怪我沒說清楚，也沒提要求。」

原本是男人以為自己很了解父母的想法，現在才知道父母想得也很多，只是缺少了溝通。

於是這一場打算在咖啡館吵的架，吵著吵著就變成曬恩愛了。那天我們都衣著得體，面帶從容笑意，能享受咖啡，更能品味瑣碎日子裡擠出的苦樂酸甜。

婆媳關係中，男人總是喜歡過多強調自己家庭的為難處，卻疏忽了自己妻子重要的位置。即使婆家所有的事今後都不用兒媳婦去做，可兒媳婦的老公總歸要去盡孝道，進門的時候弄得不好看，以後大家都不方便。

外甥談戀愛的時候，姐姐和姐夫打算幫他買間房子備著結婚用，結果外甥在簽合約之前提出要在上面寫女友的名字。因為當時還沒結婚，家人覺得沒有必要。

但外甥堅持如此，說女友一直跟著看房、選房，不能要買房了卻沒人家什麼事了。他說：「要麼寫兩個人名字，要麼我就什麼也不要，以後的房子我自己買。」

這是他在父母面前為自己愛的女人能做的爭取，並且做得毫不猶豫。如今兩個人結婚許久，一直很恩愛，公婆幫忙帶著孫子，日子過得行雲流水，幸福安樂。

你應該去找一個願意和你平等相處的男人，他會認為女人應該聰明、有主見、有事業心，他會重視你的要求，並且做好分擔和處理的準備，甚至也樂意這樣做。這種男人確實存在，情感更真實可信，但只有你做好充分準備的時候才可以遇到。

很多的婆媳問題之所以變得尖銳，還是小夫妻之間的情感不夠牢固。若真是相親相愛，男人都會站在妻子前面主動解決問題，即使是沒有想到的問題，也可以透過夫妻間的親密溝通得以解決。

那些說不通、不願聽、不能做、做不好的事，關鍵還是在少了「愛」，倘若真要面對不能失去的和最重要的事，我們任何人都可以變得聰明和可靠。

而這樣的一些情比金堅和恩愛綿長，是要靠瑣碎日子裡點點滴滴的儀式感來支撐和培養的。沒有這點堅持，慵懶、厭倦、疏忽、壓力等等會最先擊垮我們原本就脆弱的情感。

看起來每個人的每一天都差不多，但有些人卻精心地去讓其中的某些日子和某件事變得特別，或是不同起來，這就是有儀式感的生活。

儀式是一種純淨的行為，大多儀式看起來似乎沒有意義或是目的，就像一場令人心曠神怡的遊戲，但卻能呈現出眼前那活色生香的世界。

不要忽略心靈的力量，這種所謂的儀式感其實就是在表達我們對生活的熱愛，對情感的忠誠，對生命的敬畏，對矛盾和困境裡那無聲卻極富韌性的抗爭。

一日和女兒談起愛情和婚姻，他說：「我不喜歡那些花俏的婚禮。」

我說：「那你也需要一個簡單的婚禮，穿起婚紗走過紅毯，我在紅毯的這一邊相送，他在紅毯的那一邊敞開懷抱呵護你，令人動容更令人心生敬意。」

我再婚，我和先生也不喜歡那些或煽情或吵鬧的婚宴，但媽媽和姐姐也是如此說：「你們要時尚、要新派都可以，就去訂五星級飯店中西結合的環境，然後和親人、朋友一起吃個飯，結婚是大事也是喜事，需要大家的見證與祝福。」

這是一種對自己的決定頂禮膜拜的儀式，能省下的除了力不足，還有心不到。

先生想拍結婚照，我原本不喜歡這種擺拍和修圖過分的照片。但故宮和太廟的外景還是很吸引人，在看到一些攝影工作室大氣唯美的作品後，我的心裡慢慢也有了嚮往，那是我們倆都喜歡的，也常常去散步的地方。

那一天，我們預定了拍照的日期後，看著先生一路都興高采烈，我問：「你這段日子看起來心情都很好啊。」

先生回答：「是啊，我要結婚了啊！」

是的，什麼是要結婚了？興奮的情緒、準備飯店、挑選菜單、婚紗照等等，才是要結婚了。

與其說儀式感是一種形式，不如說也是一種尊重和付出，然後是皆大歡喜。

日常生活中，你要享受喝茶的恬淡，你要體會買菜做飯這件事的快樂，你要為自己轉身離開喝彩，你要為自己獨自謝幕鼓掌，你要欣賞你提裙子的優雅，你也要獲得最好的愛與祝福。當你的日子有了儀式感，幸福自然也就來了。

任何境遇裡我們都要表裡如一，什麼時候都不辜負自己的選擇，美好的姿態就是本色出演時，自然勇者無敵。

過日子別問值不值得，先問自己快不快樂。擠迫的生活中，儀式感是我們給自己，也是給對方最有力的愛與堅持。

回想起生活中最難忘的事情和最美好的時光，不過是我們能聽從內心的聲音做出的種種選擇，不講道理的只是去追求夢想，大膽地去愛一個人，再結一場婚。

我只輕輕問你一句：「有了這些儀式，你可心生歡喜？這一路上走過的風景，你可還喜歡？」

人間再難，也是值得。

真正值得女人去征服的只有：夢想和體重

三十五歲的娟子在公司工作已經快十年了，薪水還拿著幾千元人民幣，結婚生孩子雖然沒有耽誤上班，但一切都以孩子為重心的他，哺乳期遲到早退的習慣一直不改，實在不行就各種請假。之前上司能容忍他就不錯了，職位和薪水當然就沒漲過，新來的主管卻很嚴格，他如此敷衍，前不久被調職當了行政人員。

開始時娟子還覺得清閒，可老公最近卻忽然失業，四十歲的男人更是直接面對職場殘酷，幾個月過去了，面試無數工作卻沒有著落。娟子的薪水從來就不夠家庭開銷，孩子也快上幼兒園了，他忽然感到龐大的經濟壓力，看到有同事跳槽去了更好的公司，他也有點動心。

娟子畢業名校，主修也很是不錯，原本在公司是一支潛力股，卻錯過了最好的事業上升期的年齡，跳槽的念頭也只是想想。用他的話說：「都是家庭婚姻所累。」其實都是人禍，生孩子固然會耽誤工作時間，但並不一定會影響能力發展和職位晉升。

這個職場，向來是百分之二十真努力的人，養活著百分之八十喊口號的人。

如果說結婚生孩子女人就必然為其所累，那婚姻帶給我們的支持、溫暖和鼓勵呢？如果你現在這些東西都沒有，只有廚房、尿布和疏離，那我只能說，這不是兩個人的婚姻，這是女人的苟且。

娟子的同事是個二十八歲的女孩，兩個人是校友，走之前他請學姐吃飯。說到為什麼如此努力，他說：「因為我不敢想像，如果到四十歲還以一個普通業務員的身分失業該怎麼辦？」

娟子倒吸了一口涼氣，他老公四十歲正在經歷失業再打拚新職位，自己三十五歲就已經連跳槽都不敢了。之前也曾偷偷更新了人力銀行網站的履歷，也投過幾家公司，都石沉大海。而跳槽的同事是銷售主管，業績一直很好，跳槽是獵頭公司主動聯絡的。

女孩穿了件白色蕾絲連衣裙，手腕上戴著蝴蝶手環，坐在陽光下，整個人熠熠生輝。娟子忽然發現他其實很漂亮，之前自己還曾經和人事部的大姐幫他介紹過男朋友，被女孩回絕後，娟子認為他不識好人心，活該單身。

女孩告訴娟子自己有男朋友，他被公司派到國外工作，還有兩年才能回國結婚。在娟子眼裡這根本不可靠，萬一人家在國外另找美女了呢？女孩笑了：「我不擔心啊，因為我現在也進了世界五百大企業的公司，喜歡我的也會後繼有人。」

女孩在這個年齡裡只擔心自己有沒有和男友飛得一樣高，看不看得見遠方，我相信這樣的他到了三十五歲的時候，婚姻家庭和丈夫孩子，都會像他的事業規畫一樣井井有條。

女人的夢想初衷如果和以後的婚姻家庭相衝突，那你的婚姻就未必是件對的事情，沒有什麼人和事是值得我們放棄夢想和工作去將就的。生活裡有太多女人，寧可花時間和精力去把錯的事情做對，也不願意轉過身去相信自己所選的事情錯了。

對於娟子這種讀過大學並一直工作的女性來說，職業規畫更是夢想的一部分，做得越早，離自己想要的生活也就越近。什麼時間做什麼工作，什麼年齡要什麼職位，什麼時候拿什麼薪水，也是職場女性的生意經。

不是男人都靠不住，而是女人不了解自己，連自己都不敢靠。

那些終日抱怨長年過不好的沒有工作或是敷衍工作的女孩，我問問你：「如果你的老公現在失業了、沒錢了，你又能讓他依靠幾天、幾個月？」

只怕你除了生孩子和吃飯好像什麼本事都沒有，更加靠不住。有些所謂的全職太太甚至連家事都懶得做，房間亂糟糟，孩子管不好，婆媳關係惡劣，丈夫不在正軌。

一個自稱「雙寶媽媽自主創業」的人前段時間透過朋友聯絡我的微信，說是想在公眾號做廣告，我給了他營運單位的聯絡方式，但他堅持要和我談。

他在銷售一種速食品，目前還剩一千元人民幣，他並不問我廣告是什麼形式以及費用是多少，而是馬上說自己還得留五百元人民幣做這個月的生活費，東西要我幫他賣出去後再付廣告費。

我當時正忙，他在微信裡留了大段語音訊息，我只能找個安靜的角落一段段聽完。先不說情況是不是屬實，一個沒有工作過的窮困潦倒的雙寶媽媽，我怎麼相信你能拿到什麼區總代理？你賣的這個什麼產品又是安全的呢？

一個完全和社會脫了節的人，還想用自主創業和同情心去玩弄社會人。

營運單位曾經在公眾號裡推過蜂蜜產品，那也是女孩在自主創業。可人家首先是職業養蜂人，每年春節一過就奔波在路上，帶著自己的蜜蜂去追逐各地的花期。

夢想不是做夢，不讀書不上學嫁個人就可以吃穿不愁，不需要朝九晚五坐在家裡就能賺大錢，有這種好事也需要天賦和拚命，不需要本錢喊喊口號發發社群動態就能年收入五十萬元人民幣，天上掉的沒有餡餅只有石錘。

夢想是什麼？首先是你現在必須要讀的書要上的學，是你手邊要做的事要上的班，是你這個月能拿到的薪水是不是又多了，是你一個人不戀愛不結婚也能獲得社會價值和尊重，是你一樣的結婚生子後過得比一個人更幸福。然後才是你想賺大錢，要找更好的人，過想過的生活。

某天匆忙下樓去約會，在公寓電梯間被女孩攔住，問我是不是某作家。留了聯絡方式後，我繼續氣喘吁吁地赴約，見到朋友第一句話是：「居然有個讀者是鄰居！遇到好幾次都覺得像我，今天才說上話。我是多麼慶幸，平時連下樓扔垃圾也會衣衫整齊，不然我會讓喜歡我文字的人失望。」

後來我們相約吃飯，女孩是兩個男孩的媽媽，年齡過了三十五，身材顏值還像個剛畢業的大學生。他是媒體記者，丈夫是公司高階主管，平時經常出差，但絲毫不妨礙又生個二寶其樂融融，做到了婚姻安全穩定。靠誰？靠的還是夫妻兩個人的互相支持和成就。

這樣的男女，即使不再相愛，也能繼續承擔好爸爸和媽媽的責任。

瘦，也是一種很努力的生活方式。在生存壓力普遍存在的情況下，能擁有這種生活態度的男女一定都是狠角色，因為他們要比別人更努力更加堅持，才能去享受便利的公共健身設施，才能去如此執著地關心注意體重和健康。

亦舒曾經說過：「我的歸宿就是才幹和健康。一個人可以信賴的終究是自己，能夠為你揚眉吐氣的也是自己。我要什麼歸宿？我已經找回了我自己，這就是歸宿。」

現代社會，女性婚育在生存和生活面前都不再是必選項目，而是加分項目。就像考卷最後的一道加分題，做了不一定對，不做也一樣可以憑藉前面優秀的答案拿到一百分。

我從來都是個無愛不歡的女子，即使到了四十多歲也要談我行我素的戀愛。對我來說，愛情只是水到渠成的一種結果和享受，而能夠擁有這種力量的唯有成長。

所以我從未敢忘記我的夢想，我要為了追求的生活賺到錢，也從不能忽略我的體重，這是我要雕琢的美好和精緻。這一切早已經融入我的血液，成了我活著的最重要的一部分，並且帶給我無比的歡愉與安全。

真正值得女人去征服的，只有我們的夢想和體重，其他的一切都是拚盡全力後的順其自然，你有多努力就有多幸運。

先從小事做起，穿乾淨的衣，吃自己做的飯，養好枯草樣發黃的頭髮，保持標準體重，交往一個正能量的朋友，為疲憊的生活找一個英雄的夢想，或許是愛情，或許就是一個人擁有好看的樣子。

美好的樣子都是帶著正能量的，有溫度的靈魂才是我們活著的證明，如果這個世界還有什麼能夠看濕了眼睛和溫暖了人心，那一定是為了我們自己。

高寶書版集團
gobooks.com.tw

高寶文學 062
拒當佛系女子！面對人生爆擊，你要站穩迎擊

作　　者　王　珣
特約編輯　陳　喬
助理編輯　高如玫
封面設計　林政嘉
內頁排版　賴姵均
企　　劃　何嘉雯

發 行 人　朱凱蕾
出　　版　英屬維京群島商高寶國際有限公司台灣分公司
　　　　　Global Group Holdings, Ltd.
地　　址　台北市內湖區洲子街 88 號 3 樓
網　　址　gobooks.com.tw
電　　話　(02) 27992788
電　　郵　readers@gobooks.com.tw（讀者服務部）
　　　　　pr@gobooks.com.tw（公關諮詢部）
傳　　真　出版部　(02) 27990909　行銷部 (02) 27993088
郵政劃撥　19394552
戶　　名　英屬維京群島商高寶國際有限公司台灣分公司
發　　行　英屬維京群島商高寶國際有限公司台灣分公司
初版日期　2021 年 6 月

原書名：請你勇敢地美回去
本作品中文繁體版透過成都天鳶文化傳播有限公司代理，經著作權人授予英屬維京群島商高寶國際有限公司台灣分公司獨家出版發行，非經書面同意，不得以任何形式，任意重製轉載。
本作品中文繁體版通過文化部核准，核准字號文化部部版臺陸字第 110033 號。

國家圖書館出版品預行編目（CIP）資料

拒當佛系女子！面對人生爆擊，你要站穩迎擊 / 王珣著．-- 初版．-- 臺北市：高寶國際出版：高寶國際發行，2021.06
　面；　公分．--（高寶文學：062）

ISBN 978-986-506-110-4（平裝）

1. 自我實現　2. 生活指導　3. 女性

177.2　　110005338